Mobilisierung von Baulücken und Leerstandspotenzialen

Mobilisierung von Baulücken und Leerstandspotenzialen

Herausgegeben von Willy Spannowsky und Andreas Hofmeister

DER JURISTISCHE VERLAG
lexxion
BERLIN

Bibliografische Information der Deutschen Nationalbibliothek

Die Deutsche Nationalbibliothek verzeichnet diese Publikation in der Deutschen Nationalbibliografie; detaillierte bibliografische Daten sind im Internet über http://dnb.d-nb.de abrufbar.

ISBN: Print 978-3-869 65-013-5
E-Book 978-3-869 65-014-2

www.lexxion.de

Lektorat: Silke Renner
Umschlag: Christiane Tozman
Satz: typossatz GmbH, Berlin

Vorwort

Bereits jetzt zeichnet sich ab, dass Baulücken und Leerstände in den kommenden Jahren aufgrund des demographischen Wandels und rasanter gesellschaftlicher Veränderungen zu einem drängenden Thema vor allem in den ländlichen Räumen außerhalb der Ballungsräume werden, auf das die räumliche Planung Antworten finden muss. Die Mobilisierung von Baulücken- und Leerstandspotenzialen ist eine der größten Herausforderungen sowohl für die kommunale Bauleitplanung als auch für die Landes- und Regionalplanung. In einer Vielzahl betroffener Kommunen treten erste stadt- bzw. ortsteilbezogene Funktionsschwächen auf. Teilweise ist auch schon festzustellen, dass das städtebauliche Erscheinungsbild unter Leerstand und Gebäudeverfall leidet. Es ist absehbar, dass sich das Problem in den nächsten Jahren weiter verschärfen wird. Aus diesem Grund erfordert eine nachhaltige Innenentwicklung Konzepte für die Mobilisierung von Baulücken und Leerstand mit dem Ziel, die Gebietsattraktivität und -funktionen zu erhalten und soweit erforderlich möglichst wiederherzustellen oder Funktionsräume anzupassen.

Auf der wissenschaftlichen Fachtagung „Mobilisierung von Baulücken- und Leerstandspotenzialen" am 17. März 2009 an der Technischen Universität Kaiserslautern, die vom Lehrstuhl für Öffentliches Recht unter der Schirmherrschaft des Bundesministeriums für Verkehr, Bau und Stadtentwicklung veranstaltet wurde, wurden Lösungskonzepte, Handlungsansätze und Strategien von Experten aus der Praxis vorgestellt und in der sich anschließenden Podiumsdiskussion mit den Teilnehmern erörtert. Es wurden die auf den verschiedenen Planungsebenen gegebenen Möglichkeiten der planungsrechtlichen Umsteuerung ausgeleuchtet, die bereits modellhaft erprobten planerischen Antworten auf die neuen Herausforderungen auf den Prüfstand gestellt und Anregungen für den strategisch-konzeptionellen Umgang mit Baulücken und Leerständen gegeben. Die schriftlich ausgearbeiteten Referate sind im vorliegenden Band dokumentiert.

Willy Spannowsky
Andreas Hofmeister

Inhalt

Aktivierung der Städte durch Mobilisierung von Baulücken- und Leerstandspotenzialen aus Sicht der Nationalen Stadtentwicklungspolitik

*Dr. Oliver Weigel**

Einleitung

Das 21. Jahrhundert ist das Jahrhundert der Städte, auch in Deutschland. Alleine in den Mittel- und Großstädten leben über zwei Drittel der Bevölkerung, hier wird ein Großteil der Realsteuerkraft erbracht. Ein Blick auf die Positiv-Bilanz der Städte zeigt daher zunächst ein eindrucksvolles Bild:

- Deutschlands Städte sind attraktiv, sie nehmen ihre Rolle als „Knoten im Netz der Wissensgesellschaft“ in vollem Umfang wahr und leisten so einen herausragenden Beitrag für die Verknüpfung von Forschung und Wirtschaft. Dies gilt für die kleinen und mittleren Städte ebenso wie für die Oberzentren.
- Unsere Städte bieten kulturelle Vielfalt. Sie sind Orte der ständigen Entwicklung privater ebenso wie öffentlicher kultureller Initiativen.
- Unsere Städte sind unverwechselbar. Ihre sehr unterschiedliche Geschichte spiegelt sich in ihrer individuellen Gestaltung wider.
- Deutschlands Städte sind Zentren unternehmerischer Entscheidungen und attraktive Messestandorte.

* Dr. Oliver Weigel ist Referatsleiter im Bundesministerium für Verkehr, Bau und Stadtentwicklung, in Bonn.

Aber auch die problematischen Entwicklungsbedingungen sind nicht zu übersehen:

- Transformations- und Schrumpfungsprozesse sind vielerorts im Gang. In unseren Städten werden zahlreiche Flächen nicht mehr genutzt und liegen brach.
- Die Arbeitslosenquoten liegen in einzelnen Städten und Stadtteilen teils deutlich über dem jeweiligen Durchschnitt.
- Der soziale Zusammenhalt in unseren Städten ist heute schwerer zu bewahren als noch vor einigen Jahren. Um die im internationalen Vergleich sehr positive soziale Struktur unserer Städte zu erhalten bedarf es auch weiterhin erheblicher Anstrengungen.
- Unsere Städte sind die größten Primärenergieverbraucher. Trotz zahlreicher Bemühungen sind die die hier vorhandenen Einsparpotenziale noch nicht ausgereizt. Systeme für die Nutzung erneuerbarer Energien müssen auf die Verhältnisse dicht besiedelter Räume weiterentwickelt und zunehmend auch in innerstädtischen Räumen eingesetzt werden.

Angesichts der kulturellen, wirtschaftlichen und sozialen Leistungen, aber auch der unübersehbaren Widersprüche gilt es, alle Anstrengungen auf eine sozial ausgewogene, zukunftsorientierte und zugleich den Werten von Demokratie und gemeinschaftlicher Verantwortung verpflichteten Stadtentwicklungspolitik auszurichten. Insbesondere die beschleunigte Transformation der Städte braucht gute Planung, konstruktive Zusammenarbeit, Sicherheit und Anpassungsfähigkeit sowie die aktive Einbindung der Bürgerinnen und Bürger bei Planungsprozessen. Diese Leitgedanken bildeten im Frühjahr 2007 die Basis für die Einigung aller für Stadtentwicklung zuständigen Ministerinnen und Minister der europäischen Mitgliedstaaten auf gemeinsame Grundsätze und Strategien für die Entwicklung der Städte, die in der „Leipzig Charta zur nachhaltigen europäischen Stadt" niedergelegt sind. Die Charta beruht auf dem gemeinsam erklärten Willen,

- eine politische Initiative zu starten, um die Grundsätze und Strategien der Leipzig Charta in die jeweilige nationale, regionale und lokale Entwicklungspolitik zu integrieren,
- das Instrument der integrierten Stadtentwicklung voranzubringen,
- politische Steuerungs- und Regelungsstrukturen für deren Umsetzung zu unterstützen sowie die dafür erforderlichen Rahmenbedingungen zu schaffen,

- eine ausgeglichene räumliche Entwicklung auf der Basis eines europäischen polyzentrischen Städtesystems zu befördern.

Vgl. dazu auch die Abbildung 1: Gleichzeitigkeit von Wachstum und Schrumpfung (Quelle: BBR 2008), auf der Umschlaginnenseite am Ende des Tagungsbandes.

I. Standards der Stadtentwicklung

Eine Hauptaussage der Leipzig Charta besteht darin, die Ansätze der integrierten Stadtentwicklungspolitik stärker zu nutzen und die Erarbeitung integrierter gesamtstädtischer Stadtentwicklungsprogramme zu fördern. Integriert bedeutet dabei, sowohl die Zusammenarbeit zwischen Bund, Ländern und Kommunen zu intensivieren und zugleich, stadtrelevante Aktivitäten der verschiedenen Ressorts und Dezernate in den Kommunen auf allen Ebenen zu bündeln. Im Sinne einer integrierten Stadtentwicklung sollten daher in den Städten und Gemeinden folgende fünf Standards beachtet werden:

1. Die Stärken und Schwächen der Stadt und der Stadtteile sind auf Grundlage einer Bestandsanalyse zu beschreiben.
2. Für das Stadtgebiet sind Entwicklungsziele zu formulieren und eine Vision für die gesamte Stadt zu entwickeln.
3. Die unterschiedlichen teilräumlichen, sektoralen und technischen Pläne und politischen Maßnahmen sind aufeinander abzustimmen und es ist sicherzustellen, dass alle auf dieser Grundlage geplanten Investitionen eine ausgeglichene Entwicklung des städtischen Raums fördern.
4. Der Finanzmitteleinsatz öffentlicher und privater Akteure ist räumlich zu bündeln und zu koordinieren.
5. Eine Koordination auf lokaler und stadtregionaler Ebene ist zu gewährleisten und die Einbeziehung der Bürger und all jener Beteiligten ist sicherzustellen, die maßgeblich zur Gestaltung der zukünftigen wirtschaftlichen, sozialen, kulturellen und ökologischen Qualität der Gebiete beitragen können.

In Deutschland wird die Leipzig-Charta mit der Nationalen Stadtentwicklungspolitik umgesetzt. Damit verfolgt der Bund gemeinsam mit den Ländern und Kommunen das Ziel, eine sozial, ökonomisch und ökologisch ausgeglichene Entwicklung unserer Städte sicher zu stellen, die Wettbewerbsfähigkeit Deutschlands und seiner Städte und Regionen zu stärken und zu sichern. Hierfür stehen der

Nationalen Stadtentwicklungspolitik zwei Programmbereiche zur Verfügung: Der Baustein „Gute Praxis", der im Rahmen der Nationalen Stadtentwicklungspolitik kontinuierlich fortentwickelt und neuen Herausforderungen angepasst wird, soll im Sinne einer integrierten Stadtentwicklung die fachgrenzenübergreifende Zusammenarbeit, die bei der Sozialen Stadt erfolgreich praktiziert wird, auf alle Programme der Stadtentwicklung übertragen. Der zweite Programmbereich, die „Projektreihe für Stadt und Urbanität" unterstützt innovative, beispielgebende und partnerschaftliche Ansätze der Stadtentwicklung in Form von Projekten.

Städtische Themen haben es in Deutschland – und nicht nur hier – schwer, den Weg in die „mediale Öffentlichkeit" zu finden. Vielleicht liegt dies auch daran, dass unsere Städte im internationalen Vergleich gut aufgestellt und organisiert sind. Medial wirksame Bilder, z. B. von brennenden Vorstädten, fehlen deswegen – zum Glück. Dennoch brauchen unsere Städte zahlreiche Initiativen einer „Stadtentwicklung vor Ort", von Bürgervereinen, der Wirtschaft, der Politik und, natürlich, den Verwaltungen. Es bedarf eines „Labors Stadtentwicklung" in dem innovative, oft experimentelle und manchmal auch mit den Risiko des Scheiterns behaftete Projekte für einen neuen Umgang mit den Thema Stadt sorgen. Das wurde auch im Rahmen der beiden Projektaufrufe zur Nationalen Stadtentwicklungspolitik deutlich. Über 500 Interessenbekundungen von Kommunen, kommunalen Kooperationen, aber auch von zivilgesellschaftlichen Gruppen und Vereinen wurden eingereicht. Die Verantwortlichen aus Politik, Verwaltung, planenden Berufen, Wirtschaft, Wissenschaft, Zivilgesellschaft – kurz: alle Stadt-Interessierten – können sich unter dem Dach der Nationalen Stadtentwicklungspolitik in folgenden Handlungsfeldern mit neuen Ideen und Anregungen einbringen:

- Zivilgesellschaft – Bürger für ihre Stadt aktivieren
- Soziale Stadt – Chancen schaffen und Zusammenhalt bewahren
- Innovative Stadt – Motor der wirtschaftlichen Entwicklung
- Klimaschutz und globale Verantwortung – Die Stadt von morgen bauen
- Baukultur – Städte besser gestalten
- Regionalisierung – Die Zukunft der Stadt ist die Region

II. „Gute Praxis": Weiterentwicklung der rechtlichen Rahmenbedingungen

Der bereits genannte Baustein „Gute Praxis" der Nationalen Stadtentwicklungspolitik bündelt die Kernbereiche der Initiativen des Bundesministeriums für Verkehr, Bau und Stadtentwicklung im städtischen Bereich. Dies betrifft zum Beispiel Programme wie die Städtebauförderung, die bereits über eine lange Tradition verfügen oder die rechtlichen Initiativen des Ministeriums. Diese Ansätze werden im Sinne eines integrierten Ansatzes weiterentwickelt und, im Bereich der Städtebauförderung flexibler auf die sich schnell ändernden Anforderungen in unseren Städten angepasst. Auch die rechtlichen Instrumente werden zunehmend stärker auf die Anforderungen einer integrierten Stadtentwicklung ausgerichtet. So wurde zur Mobilisierung von Baulücken- und Leerstandspotenzialen in den Städten und Gemeinden das Baugesetzbuch in der laufenden Legislaturperiode durch das am 1.1.2007 in Kraft getretene Gesetz zur Erleichterung von Planungsvorhaben für die Innenentwicklung der Städte (BGBl. I, S. 3316 vom 21.12.2006) novelliert. Damit wurde das Bau- und Planungsrecht zur Stärkung der Innenentwicklung der Städte und zur Beschleunigung wichtiger Planungsvorhaben vor allem in den Bereichen Arbeitsplätze, Wohnbedarf und Infrastrukturausstattung vereinfacht und beschleunigt. Damit werden wichtige Ziele der Nationalen Stadtentwicklungspolitik erreicht. Denn durch die Einführung des beschleunigten Verfahrens nach § 13a BauGB für Bebauungspläne der Innenentwicklung können Bebauungspläne auch für Zwischennutzungen sehr zügig ohne formalisierte Umweltprüfung und mit konzentrierten Verfahrensschritten aufgestellt werden.

III. Aktivierung vor Ort

Um die Wirkungsweise der Projektreihe für Stadt und Urbanität zu dokumentieren, sollen im Folgenden aus den zuvor dargestellten sechs Handlungsfeldern Beispiele aus dem Bereich „Die innovative Stadt – Motor der wirtschaftlichen Entwicklung" vorgestellt werden. Dieses Handlungsfeld schafft Raum für Experimente und trägt u. a. dazu bei Leerstands- und Baulückenpotenziale im Sinne einer integrierten Stadtentwicklungsstrategie optimal zu nutzen. Dabei gibt es ganz unterschiedliche Ansätze, wie in den einzelnen Kommunen Lehrstands- und Baulückenpotenziale aktiviert werden können. Um einen Überblick zu erhalten, wird nun anhand konkreter Projekte skizziert, wie Zwischennutzungen nicht nur Stadtteile aufwerten, sondern auch zu einem Imagegewinn für die Städte selbst beitragen können. Bevor jedoch auf die ausgewählten Projektbeispiele eingegangen wird, muss der Blick zunächst auf die Ursachen für Leerstand gerichtet werden:

- Gewerbliche Brachflächen resultieren aus gewandelten Produktionsstrukturen, der zunehmenden globalen Arbeitsteilung und einer damit verbundenen Verlagerung oder Aufgabe von Produktionsstätten. Militärische Liegenschaften werden infolge von Bundeswehrreformen oder nach Abzug der Streitkräfte aufgegeben. Infrastrukturbrachen entstehen durch veränderte Flächenansprüche von spezialisierten Infrastruktursystemen. Auch der Bevölkerungsrückgang führt dazu, dass öffentliche Infrastruktursysteme z. T. nicht mehr in heutigem Zustand und gleicher Größe erhalten werden können. Die veränderte Bevölkerungsentwicklung sorgt zudem dafür, dass Flächen, die für künftige Siedlungsentwicklung vorgehalten wurden, nicht mehr oder nicht in dem ursprünglich vorgesehenen Umfang benötigt werden. Allen Immobilien dieses Standorttyps ist gemein, dass schon die Größen der Liegenschaften langwierige Planungsverfahren erfordern. Häufig werden neben der Bauleitplanung noch Bestandsaufnahmen, Rahmenplanungen oder Wettbewerbsverfahren durchgeführt. Eine Vermarktung der großen Areale ist nur selten kurzfristig möglich, so dass die Flächen teilweise über Jahre ungenutzt bleiben. Die Gebäude und Anlagen sind allerdings für die Bedürfnisse einer speziellen Nutzung konzipiert worden und liegen häufig in nicht integrierten Lagen. Daher lassen sich die Liegenschaften nicht immer ohne Weiteres umnutzen.
- Baulücken finden sich in allen deutschen Städten, wobei die Hintergründe vielfältig sein können. Es handelt sich um nicht wieder bebaute Abrissgrundstücke oder Flächen im Krieg zerstörter Gebäude, teilweise aber auch um nie bebaute oder ursprünglich anderweitig genutzte Restflächen innerhalb vorhandener Bebauungsstrukturen. Insbesondere bei unsanierten Altbauten ist oft ein Abriss vollzogen worden. In dicht bebauten Altstadtquartieren bleibt eine Neubebauung jedoch in vielen Fällen zunächst aus. Rückbauflächen entstehen beim Abriss von Wohngebäuden sowie nicht mehr benötigten Infrastruktureinrichtungen in Großwohnsiedlungen. Gemeinsam ist beiden Standorttypen, dass die Flächen eingebettet sind in gewachsene Quartiere. Daher bieten sich Baulücken und Rückbauflächen vor allem für quartiersbezogene Zwischennutzungen an.
- Leerstandsprobleme können in nahezu allen Gebäudearten auftreten. Häufig sind Leerstände von Ladenlokalen in City-Randlagen, Wohngebäuden an

Hauptverkehrsstraßen, Bürogebäuden oder aufgegebenen Infrastruktureinrichtungen wie Schulen oder Krankenhäusern zu beobachten. Laufende Kosten, etwa für Grundsteuer, Verkehrssicherung oder Gebäudeversicherungen, belasten den Eigentümer zusätzlich zu fehlenden Einnahmen. Zudem schadet längerer Leerstand der Bausubstanz. Durch Zwischennutzungen können diese negativen Auswirkungen gemindert werden. Zwischennutzer können zum Substanzerhalt beitragen und Impulse zu einer dauerhaften Gebäudenutzung setzen. Welche Nutzungen sich in einem Gebäude ansiedeln, hängt sehr stark von der Lage des Gebäudes und seinen baulichen Gegebenheiten ab. Allerdings werden in der Praxis auch ungewöhnliche Immobilien oft unter Zweckentfremdung ihrer ursprünglichen Nutzung zwischengenutzt.

Für diese Art von Brachen und Leerständen werden im Rahmen der Nationalen Stadtentwicklungspolitik unterschiedlichste Projektideen vorgeschlagen, von denen einige im Folgenden vorgestellt werden sollen. Alle bisher geförderten Projekte können darüber hinaus auf der Seite www.nationale-stadtentwicklungspolitik.de recherchiert werden.

Düsseldorf – Le Quartier Central

Der ehemalige Güterbahnhof Derendorf ist heute eines der größten Umstrukturierungsgebiete Düsseldorfs. Auf rund 37 ha Bruttobauland soll ein multifunktionales Stadtquartier entwickelt werden. Ein Gebäuderiegel mit alter Güterabfertigungshalle wurde bereits vor zehn Jahren aus der Nutzung genommen und stand lange leer. Ein Flohmarktbetreiber hat die leerstehende Halle entdeckt, gemietet und hergerichtet. Nach französischem Vorbild entstand ein überdachter Flohmarkt unter dem Namen „Les Halles“ mit Gastronomie, Events, Kunst und Kultur.

Für den hochwertigen Flohmarkt wurde regional geworben, an Wochenenden kamen bis zu 2.000 Besucher. Der Flächeneigentümer hat die Vermarktung des Flohmarktes daher aktiv begleitet, um auch das Areal durch die Flohmarktnutzung bekannter zu machen. 2004 wurde dem Flohmarktbetreiber gekündigt und die Halle geschlossen, da die Vorbereitungen für die ersten Hochbauvorhaben anstanden. Die Güterabfertigungshalle wurde im Mai 2007 abgerissen. Ein Restaurant und ein Club, die zur Flohmarkthalle gehörten, sind in eine andere Halle am Standort umgezogen, die der Eigentümer für die Betreiber mit einfachen baulichen Maßnahmen nutzbar gemacht hat. Auch hier ist die Nutzung befristet, da in einer weiteren Entwicklungsphase diese Flächen überbaut werden.

Abbildung 2: Gastronomie auf dem ehemaligen Bahngelände (Quelle: BPW baumgart + partner)

Die Realisierung des Gesamtprojektes wird heute in Anlehnung an die erfolgreiche Flohmarktnutzung unter dem Namen „Le Quartier Central" vermarktet. Neben der Flohmarkthalle wurden auch andere Flächen und Gebäude zwischengenutzt. Der Eigentümer hat einen strategischen Nutzungsmix entwickelt, der kulturelle, sportliche oder gastronomische Angebote mit Nutzungen wie Lagerhallen und Parkplätzen vereint. Die Stadtverwaltung hat die temporären Nutzungen unterstützt und ihre rechtlichen Möglichkeiten zur Genehmigung ausgeschöpft. Auf Plakatwänden am Standort wird über die zukünftigen Entwicklungen informiert, Zielgruppe sind vor allem die Besucher der Zwischennutzungen.

Hamburg – Frappant

Die „Große Bergstraße", eine Haupteinkaufsstraße in Hamburg-Altona, wird seit einigen Jahren durch den Leerstand baulicher Großstrukturen aus den 1970er Jahren geprägt. Betroffen sind ein ehemaliges Kaufhaus im sogenannten Frappant-Gebäude mit rund 37.000 m^2 Bruttogeschossfläche und eine Einkaufspassage mit darüber liegenden Wohnungen und Büros, das sogenannte Forum, mit rund 35.000 m^2 Bruttogeschossfläche. Der Wegzug von Kundenmagneten und Verwaltungssitzen mit über 600 Angestellten verstärkte die Probleme für die Einzelhändler. Die Leerstände und die unattraktive bauliche Gestaltung sorgten trotz der eigentlich sehr guten Lage für ein negatives Image des Quartiers in der öffentlichen Wahrnehmung.

Um dem geschilderten Negativtrend entgegenzuwirken, setzte die Stadt Hamburg ein auf ein Jahr befristetes vorbereitendes Quartiersmanagement ein. Ideen aus einer Planwerkstatt mit Einzelhändlern und Anwohnern sollten gefestigt und das Gebiet für eine geplante Sanierung vorbereitet werden. Damit die Finanzierung des Managements auch nach dieser Zeit fortgesetzt werden konnte, haben acht Grundeigentümer einen Verein gegründet und wurden Träger des Quartiersmanagements. Den Anfang der Zwischennutzungen bildete das an 16 Tagen mit 160 Künstlern in den Räumen des ehemaligen Kaufhauses durchgeführte „Kulturkaufhaus Altona". Basierend auf diesem Initialprojekt hat sich in den Räumlichkeiten ein dauerhaftes Kulturforum etabliert, das seitdem zahlreiche Projekte organisiert. In einem Gebäudeteil befindet sich nun ein Musikclub mit Café, der wegen Renovierungsarbeiten am ursprünglichen Standort nach Räumlichkeiten für die Übergangszeit suchte. Im ehrenamtlich betriebenen Kulturwerk West finden dreimal wöchentlich Lesungen und Konzerte statt. Kunstnah, eine Einrichtung im Rahmen der Beschäftigungsförderung, verleiht Kunst und veranstaltet Ausstellungen. Einzelne Räumlichkeiten sind als Ateliers und Proberäume vermietet. Mit einem Musikensemble wurde vereinbart, dass es regelmäßig kostenlose Konzerte im Stadtteil gibt. In dem Frappant-Gebäude und der Einkaufspassage hat sich ein fester Baustein der freien Hamburger Kunstszene etabliert, der insbesondere durch größere Veranstaltungen und Ausstellungen Besucher in den Stadtteil zieht.

Wächterhäuser Leipzig

Bedingt durch einen tiefgreifenden wirtschaftlichen und demografischen Wandel haben heute viele ostdeutsche und eine wachsende Zahl westdeutscher Städte

Abbildung 3: Zwischennutzung eines ehemaligen Kaufhauses in Hamburg (Quelle: BPW baumgart + partner)

mit leerstehenden Gebäuden zu kämpfen, besonders an unattraktiven, stark belasteten Hauptstraßen und auch in Städten, die, wie Leipzig, bereits seit einigen Jahren wieder recht kräftig wachsen. Die Ratlosigkeit vieler Eigentümerinnen und Eigentümer führt zu einem weiteren Verfall der Bausubstanz. Damit einhergehend droht der unwiederbringliche Verlust von städtebaulich und kulturhistorisch wertvollen Gebäuden.

– Bereits seit Ende 2004 erprobt der als gemeinnützig anerkannte Verein HausHalten e.V. in enger Kooperation mit der Stadt Leipzig das sogenannte Wächterhausmodell. Die Initiative möchte gefährdete Altbauten an städtebaulich bedeutsamen Lagen sichern und in ihrem Wert erhalten, indem sie Nutzerinnen und Nutzer mit guten Ideen und viel Platzbedarf anspricht. Selbst auf

Wohnungsmärkten mit Leerstandsproblemen besteht ein großes Interesse an unkonventionell nutzbaren Räumlichkeiten. Hierfür werden durchaus Abstriche an der Qualität und Ausstattung in Kauf genommen. Ziel des Vereins HausHalten ist es, die beiden Aspekte – Leerstand in schwierigen Lagen und kreative Raumsuchende – als Chance zu betrachten und Eigentümer und Nutzer zusammenzuführen. Konkret geht es darum,

- Kulturdenkmale zu erhalten, die aufgrund schwieriger Rahmenbedingungen keiner „klassischen“ Instandsetzung zugeführt werden können und mittelfristig vom Abbruch bedroht sind,
- Eigentümerinnen und Eigentümer zu beraten und ihnen in schwierigen Zeiten durch die Vermittlung engagierter Nutzerinnen und Nutzer neue Erhaltungsoptionen für ihre bedrohten Häuser zu eröffnen,
- Nutzungen zu akquirieren und durch die Anwerbung von Nutzerinnen und Nutzern, sogenannten „Hauswächtern“, Gebäude durch Eigenleistungen in einen nutzbaren Zustand zu versetzen,
- lokale Ökonomie zu fördern, denn die günstigen Räume in Wächterhäusern bieten ein hervorragendes Angebot für Existenzgründerinnen und Existenzgründer und fördern so aktiv das kreativ-wirtschaftliche Potenzial der Stadt,

Abbildung 4: Wächterhaus in Leipzig (Quelle: HausHalten e.V.)

- Stadtteile zu beleben, da durch die Nutzung leerstehender Ladenlokale durch Vereine und Künstlerinnen und Künstler das soziale und kulturelle Angebot und damit die Imagewirkung des Quartiers erhöht werden.

Im Rahmen der Nationalen Stadtentwicklungspolitik wird nun untersucht, wie das Konzept auf andere Städte übertragen werden kann. Ausgehend von dem bisherigen „klassischen" Wächterhausmodell und der Auswertung vorliegender Nutzungsinteressenten wurden durch HausHalten e.V. insgesamt sechs mögliche Modelltypen entwickelt, die dem Ziel Hauserhalt dienen und gleichzeitig auf die spezifischen Anforderungen bisher noch nicht vermittelter Nutzer eingehen. Darüber hinaus wurde mit Hilfe von vereinfachten Städteprofilen eine Datenbank erarbeitet, die derzeit ca. 60 Städte umfasst.

Dietzenbach – Definitiv unvollendet

Dietzenbach ist eine der größten städtebaulichen Entwicklungsmaßnahmen aus den 1970er Jahren im Rhein-Main-Gebiet. Da zahlreiche geplante Projekte bis-

Abbildung 5: Werbung für das Projekt mit Stelen (Quelle: Stadt Dietzenbach)

lang nicht realisiert wurden, prägen Brachflächen in zentraler Lage seit Jahren das Ortsbild. Die Bewohnerschaft ist von einem hohen Migrationsanteil und sozialer Segregation geprägt. Die Bewohner Dietzenbachs haben Schwierigkeiten, sich mit ihrem Wohnort positiv zu identifizieren.

Im Rahmen des Forschungsprogramms „Stadt 2030" wurde von der Stadt in Kooperation mit zwei Universitäten und einem Planungsbüro das Projekt „Dietzenbach2030 – definitiv unvollendet" entwickelt. Um die Potenziale der Freiflächen zu nutzen, sollte interessierten Bürgern eine brachliegende Fläche von jeweils 100 m^2 zur Verfügung gestellt werden, die beispielsweise für Gärten, Spielflächen etc. genutzt werden sollen. Der Projektstart wurde mittels einer Aufreihung von 2.500 Stelen, die quer durch die Stadtmitte verliefen, bekannt gemacht. Mit dieser Aktion konnten zahlreiche Bürger angesprochen werden, insbesondere auch Menschen mit Migrationshintergrund und beteiligungsferne Bevölkerungsschichten, die üblicherweise in geringerem Umfang an Partizipazionsprozessen teilnehmen.

Seitens der Bürgerschaft gab es vor allem Anfragen nach halböffentlichen Räumen zur Anlage von Gärten. Da aber innerhalb der Stadtverwaltung vor dem Hintergrund möglicher Verstetigung diskutiert wurde, ob Gärten als Zwischennutzung geeignet seien, ist mit der Realisierung von anderen Projekten begonnen worden, etwa einem Hühnerhof für Kinder, einem Abenteuerspielplatz sowie einem Kunstprojekt einer benachbarten Gesamtschule. Um der hohen Nachfrage nach Grabeland zu entsprechen, wurde ein Verein zur Anlage eines internationalen Gartens gegründet.

Ingelheim am Rhein – Zeitgärten

Die Stadt Ingelheim befindet sich in einem Umbruchprozess. Das Stadtzentrum soll durch umfangreiche Maßnahmen attraktiver gestaltet und das Angebot an Einkaufsmöglichkeiten erweitert und verbessert werden. Aufgrund der laufenden Planungen sind vorhandene Brachflächen, untergenutzte Grundstücke und mögliche Entwicklungsflächen besonders in den Blickpunkt gerückt. Durch die Installation temporärer Gärten soll das Image des Stadtzentrums während der Umgestaltungsmaßnahmen verbessert und ein Diskurs über die Stadtentwicklung angeregt werden.

Auf verschiedenen Brachflächen werden Installationen für temporäre Nutzungen errichtet. Unter dem Namen „Zeitgärten" entstehen diese Installationen jedes Jahr für fünf bis sechs Monate an einem anderen Standort. Ziel ist es, auf die verschiedenen brachliegenden Standorte aufmerksam zu machen, diese

Abbildung 6: Zeitgarten „Experimente 2005" (Quelle: Stadt Ingelheim)

aufzuwerten und die Bewohner für die Stadtentwicklung zu interessieren. Das erste Projekt 2005 fand auf einer Hafenmole am Rhein statt. In der Zeit von Mai bis Oktober wurden temporäre Sitzgelegenheiten auf einer aufgeschütteten Sandfläche aufgebaut. In der Öffentlichkeit wurde das Projekt durchweg positiv aufgenommen und eine Diskussion über die zukünftige Gestaltung der Fläche angestoßen. Aufgrund des Erfolgs konnten die Weichen für einen neuen Zeitgarten in 2006 gestellt werden. Dieser fand auf einer ursprünglich mit Wohnhäusern sowie Gewerbe- und Industrieanlagen bebauten Fläche statt, die zur Entwicklung der neuen Stadtmitte abgerissen wurden. Die Fläche wurde bzw. wird wieder als öffentlicher Parkplatz genutzt. Unter dem Motto „Wo ist Eden?" waren die Ingelheimer Schulen eingeladen, kleine Teilgärten auf dem Areal zu gestalten. Die Schüler mussten ihre Ideen in einen Abstimmungsprozess mit der Stadt einbringen.

IV. Fazit

Zwischennutzungen spielen eine zunehmend strategische Rolle in der Stadtentwicklung, auch wenn die Zulassung oder sogar Förderung temporärer Nutzungen von Flächen und Gebäuden von einigen Akteuren noch kritisch gesehen wird. Dabei ist jedoch zu beachten, dass Zwischennutzungen vielfältige Möglichkeiten bieten, leerstehende Gebäude oder Flächen ohne Verwertungsinteressen als Chance für die Stadtentwicklung zu begreifen.

Zwischennutzungen ziehen häufig ein öffentliches Interesse auf sich. Vergessene und aufgegebene Orte können durch temporäre Aktivitäten und über die Berichterstattung in den Medien wieder ins öffentliche Bewusstsein gelangen. So können die Nutzungen einen Diskurs über die Stadtentwicklung anregen. Zwischennutzungen können aber auch urbane Qualität schaffen oder erhalten. Denn Gebäude sind bei Leerstand schneller dem Verfall ausgesetzt, so dass der Erhalt des Baukörpers bzw. dessen Instandsetzung im Laufe der Jahre immer kostspieliger wird.

Besonders betroffen von Leerstand sind Eckgebäude in Blockstrukturen. Gleichzeitig verlieren gerade Gründerzeitviertel mit dem Abriss der Eckgebäude ihr historisches Erscheinungsbild. Fällt die „Ecke", so haben in der Regel auch die benachbarten Gebäude „in der Zeile" nur noch eine geringe „Überlebenschance". Zwischennutzer können daher zum Erhalt stadtbildprägender Bausubstanz beitragen.

Die Miet- oder Pachtpreise liegen bei nur befristet nutzbaren Freiflächen oder Gebäuden in der Regel deutlich unterhalb des normalen Immobilienmarktes. Häufig können die Immobilien auch unentgeltlich oder gegen Übernahme der Betriebskosten genutzt werden. Aufgrund der geringen Kosten sind Zwischennutzungen etwa für Existenzgründer, ehrenamtliche Initiativen sowie soziale oder kulturelle Projekte besonders attraktiv. Durch kurze und flexible Nutzungsvereinbarungen können finanzielle Risiken überschaubar bleiben. Dies erleichtert den Schritt, innovative oder riskante Projekte zu wagen. Zwischennutzungen sind daher besonders attraktiv für junge und innovative Nutzungsformen. So können städtebauliche Experimentierräume z. B. für Jungunternehmen, Start-ups oder die Kreativwirtschaft mit geringem Eigenkapitel entstehen. Im Rahmen einer Zwischennutzung ist es auch möglich, dass sich aus den initiierten Nutzungsclustern Impulse für eine zukünftige Nutzungsmischung ergeben bzw. diese sich zur Dauernutzung entwickeln. In vielen Fällen haben sich auch Zwischennutzer, die anfänglich zu Sonderkonditionen die Immobilien nutzen konnten, so weit etablieren können, dass sie marktübliche Miet- oder Pachtpreise entrichten oder später die Immobilien erwerben.

Mit der Unterstützung dieser Projekte möchte der Bund gemeinsam mit seinen Partnern aus den Ländern und Kommunen einen wichtigen Beitrag dazu leisten, Baulücken und Leerstandspotenziale im Sinne einer integrierten Stadtentwicklung zu nutzen.

V. Literatur

Bundesministerium für Verkehr, Bau und Stadtentwicklung (Hrsg.): Nationale Stadtentwicklungspolitik. Eine Initiative zur Stärkung der Zukunftsfähigkeit deutscher Städte, Berlin 2008

Bundesministerium für Verkehr, Bau und Stadtentwicklung (Hrsg.): Zwischennutzungen und Nischen im Städtebau als Beitrag für eine nachhaltige Stadtentwicklung, Berlin 2008

Bundesministerium für Verkehr, Bau und Stadtentwicklung (Hrsg.): Auf dem Weg zu einer nationalen Stadtentwicklungspolitik. Memorandum, Berlin 2007

Bundestagsdrucksache 16/9234: Unterrichtung der Bundesregierung. Initiative zur Nationalen Stadtentwicklungspolitik, Berlin 2008

Nationale Stadtentwicklungspolitik im Internet: www.nationale-stadtentwicklungspolitik.de

Die Mobilisierungspotenziale aus Sicht der Städte und Gemeinden

*Norbert Portz**

* Norbert Portz ist Beigeordneter für Umwelt und Städtebau im Deutschen Städte- und Gemeindebund in Bonn.

I. Rahmenbedingungen bei der Nutzung von Mobilisierungspotenzialen

1. Anhaltende Flächeninanspruchnahme für Siedlungs- und Verkehrsflächen

Die Mobilisierung von Baulandpotentialen insbesondere im Innenbereich unserer Städte und Gemeinden gewinnt in jüngster Zeit immer mehr an Bedeutung. Grund ist insbesondere, dass auf der einen Seite nach wie vor die in Anspruch genommene Siedlungs- und Verkehrsfläche pro Tag in Deutschland 113 Hektar und damit die Größenordnung von zwei mittleren Bauernhöfen umfasst. Auf der anderen Seite erfolgt diese erhebliche Flächeninanspruchnahme trotz der hiermit einhergehenden demografischen Entwicklung und der in vielen Regionen bereits feststellbaren Schrumpfung der Bevölkerung (zurückgehende Geburtenzahlen oder Wegzug von Bürgern). Mit einem Rückgang der Bevölkerung konfrontiert bzw. in Zukunft konfrontiert sind nicht nur viele Städte und Gemeinden der neuen Länder, sondern zunehmend auch Regionen der alten Länder. Hierzu gehören das Saarland, Teile der Pfalz, der nordöstliche Teil Bayerns, das nördliche Ruhrgebiet, aber auch wirtschaftsschwache Regionen in Hessen, Schleswig-Holstein und Niedersachsen.

Vor diesem Hintergrund ist das Ziel der Bundesregierung, bis zum Jahre 2020 die tägliche Flächeninanspruchnahme in Deutschland auf 30 Hektar pro Tag zu reduzieren, durchaus nachvollziehbar. Daher muss es das Bestreben aller verantwortlichen Akteure sein, den bereits seit längerem bestehenden Programmsatz in § 1 Abs. 2 S. 1 BauGB „Mit Grund und Boden soll sparsam und schonend umgegangen werden" verstärkt in die Praxis umzusetzen. Allerdings muss auch hierbei den unterschiedlichen Rahmenbedingungen in Deutschland („Wachstums- und Schrumpfungsregionen") genauso Rechnung getragen werden wie einem sachgerechten Verhältnis zwischen einer Reduzierung der Flächeninanspruchnahme einerseits und den damit ggf. verbundenen sozialen oder ökonomischen Folgewirkungen andererseits.

Auch ist es erforderlich, die rein quantitativen Statistikzahlen bei der Flächeninanspruchnahme zum Zwecke einer sachgerechten Steuerung durch qualitative Differenzierungen zu ergänzen. So ist nicht ohne Weiteres nachvollziehbar, dass per se ein ökologisch genutzter Hausgarten als „Flächeninanspruchnahme" gilt, während ein intensiv genutztes Landwirtschaftsgrundstück in die Statistik als Freiraum eingeht.

Hinzu kommt, dass eine abnehmende Bevölkerung nicht unbedingt zu einem Rückgang der Flächeninanspruchnahme führt. So hat es z. B. in Deutschland nicht zuletzt angesichts des wachsenden Wohlstandes eine Zunahme der Wohnfläche pro Einwohner von noch 15 Quadratmetern in den 1950er Jahren auf heute über 40 Quadratmeter gegeben. Auch andere gesellschaftliche Entwicklungen, wie die „Versingelung" der Haushalte, wirken tendenziell einer Reduzierung der Flächeninanspruchnahme entgegen.

2. Sonderfall: Stadtumbau Ost

Gerade das Beispiel des Stadtumbau Ost macht zudem eines deutlich: Der Abriss von ca. 270.000 Wohnungen seit dem Jahr 2002 hat angesichts des parallel stattfindenden Bevölkerungsverlustes nur zu einer leichten Minderung des Leerstands geführt.

Obwohl der Abriss in den Städten und Gemeinden der neuen Länder maßgeblich Plattenbauten umfasst hat, finden sich dennoch auch in den sanierten Altstädten mit bis zu ca. 20 % erhebliche Leerstandsquoten. Zur Nutzung der Altstädte und Ortskerne für das Wohnen sind daher innovative Lösungen gefragt. So ermöglicht zum Beispiel die Stadt Görlitz insbesondere den bisherigen Bewohnern der „Platte" für einige Zeit ein kostengünstiges Probewohnen in Häusern der historischen Innenstadt mit dem Ziel, diese für eine derartige Wohn- und Lebensform zu gewinnen.

Dennoch wird bis 2016 ein Abriss weiterer 410.000 Wohnungen in den neuen Ländern prognostiziert. Hierunter sind auch nicht marktfähige Altbauten, etwa an vielbefahrenen Durchgangsstraßen.

3. Innenentwicklung als Gebot der Nachhaltigkeit

Die Mobilisierungspotenziale in den Innenbereichen unserer Städte und Gemeinden sind mit vielfach 20 bis 30 % (Baulücken, Reaktivierung von Brachflächen, Nachverdichtung, Unternutzung etc.) hoch. Hier Flächen zu aktivieren ist ein Gebot der Nachhaltigkeit. Nicht nur der Freiraum und die Ressource „Boden" werden geschützt und es wird zu einer Verkehrsvermeidung („Kompakte Gemeinde") beigetragen. Gerade in Innenbereichen und damit im Bestand kann auch sehr gut eine soziale Integration von Neubürgern gelingen. Häufig sind auch eine Ausnutzung der bestehenden Infrastruktur in den Innenstädten und Ortskernen (Geschäfte, Schulen, Nahversorgung etc.) und der Anschluss an die bereits vorhandenen Erschließungsanlagen auch mit einer Kostenersparnis verbunden.

Natürlich ist umgekehrt eine Mobilisierung von Potentialen in den Innenbereichen auch Hemmnissen ausgesetzt. Diese bestehen in vorhandenen Altlasten und zu hohen Aufbereitungskosten sowie auch Widerständen von Nachbarn gegen eine „zu dichte Bebauung". Schließlich kann schon aus ökologischen Gründen nicht jede Baulücke und damit möglicherweise die letzte Klimaschneise zugebaut werden.

4. Schutz der Ressource Boden verstärkter im Bewusstsein verankern

Dennoch ist es für eine verstärkte Nutzung der Mobilisierungspotenziale in den Innenbereichen ganz entscheidend, dass alle Verantwortungsträger und damit auch die Bürger ein verstärktes Bewusstsein für den Schutz der Ressource „Boden" bekommen.

Andere Themen sind gegenüber dem Problem „Flächeninanspruchnahme" wesentlich mehr im Focus der Öffentlichkeit. Beispielhaft zu nennen sind nur der Klimaschutz und die Energieeinsparung. Auch die Themen Lärmschutz und Luftqualität (Feinstaub) erzeugen eine unmittelbare Betroffenheit der davon beeinträchtigten Bürger und sind in der Problemskala ganz oben angesiedelt.

II. Kommunale Instrumente zur Mobilisierung

Dennoch können gerade die Kommunen als entscheidende Akteure vielfache Strategien und Instrumente zur Aktivierung der Mobilisierungspotenziale insbesondere im Innenbereich einsetzen:

Bei der Anwendung der konkreten Strategie sind die Gesichtspunkte der Kosten sowie der Steuerungsmöglichkeit und der Effizienz der Planung, der rechtlichen und politischen Durchsetzbarkeit insbesondere im Rat (Akzeptanz) und der Verwaltungsaufwand sowie auch die Verfahrensdauer von entscheidender Bedeutung. Demgemäß orientiert sich auch die Wahl der einzelnen kommunalen Instrumente an diesen Prüfpunkten.

Dabei kommt es angesichts der vielfach sehr schwierigen kommunalen Haushaltssituation darauf an, eine durch die kommunalen Planungen und Maßnahmen bewirkte positive Bodenwertentwicklung für die Gemeinden auch nutzbar zu machen. Häufig wird eine für die Gemeinde nutzbar gemachte Wertsteigerung mit weiteren kommunalen Zielen einer Innenentwicklung und eines preiswerten Wohnbaulands, z. B. für Familien mit Kindern oder auch Ortsansässigen („Einheimischenmodell"), verbunden.

III. Bewertung der einzelnen Planverwirklichungsinstrumente

Vor dem Hintergrund der aufgezeigten Prüfpunkte lassen sich die einzelnen kommunalen Planverwirklichungsinstrumente wie folgt bewerten:

1. Traditionelle Angebotsplanung

Die traditionelle Angebotsplanung in einer Gemeinde erfolgt auf der Basis des prognostizierten (Wohnungs-)Bedarfs. Die Verfahrensdauer einer derartigen traditionellen Angebotsplanung (Bauleitplanung) liegt je nach Komplexität und Schwierigkeitsgrad des zu beplanenden Gebiets bei ca. ein bis zwei Jahren.

Zwar ist bei der traditionellen Angebotsplanung durchaus die rechtliche und auch politische Durchsetzbarkeit in den kommunalen Gremien gewährleistet. Auch ist bei Eintritt der planerischen Prognosen von einer Effektivität dann auszugehen, wenn in einer Gemeinde eine starke Wohnungsnachfrage besteht.

Als negativ schlagen aber bei der traditionellen Angebotsplanung eindeutig die hohen kommunalen Kostenbelastungen, bei denen die Gemeinden nur 90 % der Erschließungskosten geltend machen können, zu Buche. Demgegenüber hat der von der „Wünschelrute" der Bauleitplanung Begünstigte (Bsp.: Landwirt) gleichsam über Nacht und ohne eigenes Zutun eine erhebliche Wertsteigerungen seines Grundstücks zu verzeichnen. Auch muss berücksichtigt werden, dass bei diesem „Modell" wegen der „nur" vorhandenen Bedarfsprognose keine gesicherte Planverwirklichung erreicht werden kann.

2. Klassische Bodenvorratspolitik

Bei der klassischen Bodenvorratspolitik steuert die Gemeinde ihre Entwicklung durch einen frühzeitigen Ankauf, also durch einen Durchgangserwerb des (Innenbereichs-) Baulands und durch eine ggf. erforderliche Überplanung und Entwicklung der Flächen sowie durch den anschließenden Verkauf an Bauwillige. Häufig werden die finanziellen Mittel für den gemeindlichen Durchgangserwerb über einen revolvierenden Fonds, der sich aus den Verkäufen des entwickelten Baulands speist, bereitgestellt.

Die Kosten der Baugebietsentwicklung für die Gemeinde werden demgemäß aus der Differenz zwischen dem relativ geringen Ankaufspreis und dem durch die Planung und Entwicklung des Baulands erheblich gestiegenen Verkaufspreis finanziert.

Entsprechend positiv ist die Effektivität und Steuerungsmöglichkeit der Gemeinde bei dieser Form der Planverwirklichung zu beurteilen. Durch die – wenn auch nur vorübergehende – Schaffung gemeindlichen Eigentums, kann die Gemeinde die Baulandentwicklung, etwa auf einer ehemaligen Brachfläche im Innenbereich, steuern. Die rechtliche und politische Durchsetzbarkeit der Bodenvorratspolitik ist vor diesem Hintergrund sowie vor dem Hintergrund der Kostenminimierung ebenfalls als sehr hoch anzusehen.

Negativ ist die Bodenvorratspolitik dann, wenn den Gemeinden keine entsprechenden Finanzmittel für den Durchgangserwerb zur Verfügung stehen oder es keine ausreichende Zahl von zum Verkauf stehenden (Innenbereichs-) Flächen gibt. Umgekehrt ist die Bodenvorratspolitik dort gut eingeführt (insbesondere: Süddeutschland), wo sie bereits frühzeitig angewandt wurde und sich durch revolvierende Fonds finanziert.

3. Städtebauliche Verträge – Vorhaben- und Erschließungspläne

Bei den städtebaulichen Vertragsformen (§§ 11 und 12 BauGB) beteiligt sich der Eigentümer/Investor zumindest teilweise auch an den Maßnahmen und Kosten der Planerstellung und Planverwirklichung. Dies erfolgt zum Beispiel dadurch, dass der Eigentümer des Grundstücks oder der Investor einer Gemeinde die Kosten der von ihr durchgeführten Maßnahmen erstattet, um dann später selbst die Baugrundstücke zu bebauen oder aber zu verkaufen. Diese Formen der städtebaulichen Verträge machen im Hinblick auf die Planverwirklichung dann besonderen Sinn, wenn sie mit Bau- und Veräußerungspflichten verbunden sind und daher die Gewähr für eine Realisierung bieten. Allerdings sind gerade diese Verträge nach der Rechtsprechung des OLG Düsseldorf („Ahlhorn- Rechtsprechung") ab Überschreiten der EU-Schwellenwerte von 5,15 Millionen Euro europaweit ausschreibungspflichtig.

In den städtebaulichen Verträgen können ebenfalls die Durchführung und die Refinanzierung (Bsp.: Folgekosten für die soziale Infrastruktur) der Maßnahmen geregelt werden, die Voraussetzung oder Folge der Entwicklung neuer Baugebiete sein sollen. In diesem Rahmen ist auch eine unentgeltliche Abtretung der Erschließungs- und sonstigen Gemeinbedarfsflächen in Umlegungsverfahren möglich.

Städtebauliche Verträge bieten erfahrungsgemäß eine sehr hohe Effektivität und Steuerungsmöglichkeit, insbesondere wenn sie mit einer Bau- und Nutzungsverpflichtung verbunden sind. Einher geht diese Effektivität und Steuerungsmöglichkeit mit einer breiten rechtlichen und auch politischen Durchsetzbarkeit (Akzeptanz) in den Gemeinden. Denn wo Vertragsparteien sich einigen, ist grundsätzlich nicht davon auszugehen, dass es zu Rechtsstreitigkeiten kommt. Eine relativ geringe Verfahrensdauer und geringe kommunale Kosten sind die Folge.

Gerade die hohe Effizienz der städtebaulichen Verträge für die Planverwirklichung bei gleichzeitig geringem Kostenaufwand führen in der kommunalen Praxis zu einer immer weiter steigenden Anwenderzahl.

4. Kommunale Baulandstrategien

Immer mehr setzen sich in den Städten und Gemeinden kommunale Baulandstrategien gerade zur gezielten Mobilisierung von Innenbereichspotentialen (Brachen etc.) durch. In Verbindung mit den vereinfachten Möglichkeiten, die seit dem 1. Januar 2007 die sogenannten Bebauungspläne der Innenentwicklung nach § 13a BauGB bieten, erfolgt danach eine Bebauungsplanaufstellung durch die Gemeinde nur, wenn

- diese vorab zu einem gewissen Prozentsatz oder vollständig Eigentümerin der Flächen geworden ist und
- sich der Investor unter (Teil-)Verzicht auf den Wertzuwachs an den Folgekosten der kommunalen Planung sowie der Maßnahmen beteiligt.

Für eine derartige kommunale Baulandstrategie ist ein politischer Konsens anzuraten. Insbesondere die Koppelung mit Bebauungsplänen der Innenentwicklung nach § 13a BauGB kann zu erheblichen Beschleunigungen und Erleichterungen führen. Das danach bei der Inanspruchnahme eines Gebiets von weniger als 20.000 Quadratmetern Grundfläche mögliche Absehen von der Aufstellung eines Umweltberichts sowie die Möglichkeit, von den Darstellungen eines Flächennutzungsplans abzuweichen und auf die sogenannte Eingriffsregelung zu verzichten, führt jedenfalls zu einer zügigen und zielgerichteten Mobilisierung von Innenbereichsflächen.

Um das eigene – gute – Konzept nicht auszuhöhlen sollte aber eine derartige Mobilisierungsstrategie stets in interkommunaler Abstimmung mit den Nachbargemeinden erfolgen. Voraussetzung einer Mobilisierung der Potentiale ist immer auch eine Bestandsaufnahme der vorhandenen Mobilisierungs- und Entwicklungsmöglichkeiten. Hier können geografische Informationssysteme (GIS) und auch ein Baulandkataster (§ 200 BauGB) wertvolle Hilfe leisten.

In praktischer Hinsicht ist es zur Mobilisierung der vorhandenen Potentiale sinnvoll, wenn potentiellen Investoren, Bauherren und Nutzern konkrete Angebote über die Bau- und Nutzungsmöglichkeiten im Gebiet an die Hand gegeben werden und über bestehende Fördermöglichkeiten informiert wird.

5. Städtebauliche Entwicklungsmaßnahmen

Mit städtebaulichen Entwicklungsmaßnahmen wird die zügige und kostengünstige Entwicklung von Ortsteilen oder Teilen des Gemeindegebiets mit besonderer Bedeutung für die städtebauliche Entwicklung verwirklicht (§§ 165 ff. BauGB). Das Instrument der städtebaulichen Entwicklungsmaßnahme findet jedoch aktuell insbesondere wegen des in vielen Regionen eher entspannten Bodenmarkts eine geringe Anwendung.

Hinzu kommt, dass trotz einer hohen Steuerungsmöglichkeit und einer hohen Partizipation der Gemeinde an der Wertsteigerung des entwickelten Baulandes die städtebauliche Entwicklungsmaßnahme als „schärfstes Schwert" des Städtebaurechts (Enteignungsmöglichkeit) eine geringe rechtliche und politische Durchsetzbarkeit hat.

Städtebauliche Entwicklungsmaßnahmen kommen daher allenfalls dann zur Anwendung, wenn Gebiete mit einem hohen Entwicklungsdruck betroffen sind. Auch in diesen Fällen wird aber die städtebauliche Entwicklungsmaßnahme primär als Druckmittel gegenüber dem Eigentümer eingesetzt, um in der Folge in vertragliche Kooperationsformen überführt zu werden.

6. Baugebote

Mit Baugeboten (s. § 176 BauGB) sollen Eigentümer eines nicht bebauten Grundstücks verpflichtet werden, innerhalb einer bestimmten Frist ihre Grundstücke bebauungsplangemäß zu bebauen oder ein vorhandenes Gebäude beziehungsweise eine Anlage den Festsetzungen des Bebauungsplans anzupassen.

Klassische Gebiete für Baugebote sind die unbeplanten Innenbereiche. Dennoch müssen die Baugebote nicht zuletzt wegen ihrer einengenden rechtlichen Vorgaben nach wie vor als „stumpfes Schwert" des Städtebaurechts bezeichnet werden. So ist die Voraussetzung für den Erlass von Baugeboten, insbesondere die wirtschaftliche Zumutbarkeit für den Eigentümer, sein Grundstück zu bebauen, äußerst schwer nachweisbar. In der Regel kommt es daher bei der Durchsetzung des Zwangsinstruments eines Baugebots zu (Rechts-)Streitigkeiten mit dem Eigentümer.

Hieraus folgt, dass eine rechtliche und auch politische Durchsetzbarkeit des Baugebots in den Gemeinden regelmäßig nicht vorhanden ist. Hinzu kommt die mangelnde Breitenwirkung eines auf den Einzelfall bezogenen Baugebots. Zwar muss daher ein Baulückenkataster (§ 200 Abs. 3 BauGB) durchaus als sinnvoll für eine gezielte Baulandentwicklung (Bestandsaufnahme) in den Gemeinden angesehen werden; für die Durchsetzung eines Baugebots gemäß § 176 BauGB liegen demgegenüber so gut wie keine Fälle in der kommunalen Praxis vor.

7. Vorkaufsrechte

Dem Vorkaufsrecht kommt als Sicherungs- und Planverwirklichungsinstrument für Innenbereichsgrundstücke insoweit eine größere Bedeutung zu. Der durch das Vorkaufsrecht bezweckte vorrangige Eintritt der Gemeinde in einen zwischen anderen Parteien geschlossenen Kaufvertrag hat zwar den Nachteil, dass die Gemeinde die Kaufsumme bereitstellen muss. Hierfür fehlen ihr häufig die Finanzmittel. Auch ist die Ausübung des Vorkaufsrechts stets an einen Kaufvertrag gebunden. Schließlich hat auch das Vorkaufsrecht wegen der Einzelfallbezogenheit keine Breitenwirkung.

Dennoch kann sich ein eingeschränkter Anwendungsbereich des Vorkaufsrechts bei städtebaulich bedeutsamen Einzelvorhaben, insbesondere im Innenbereich (Brachflächenaufbereitung etc.), ergeben. Das gemeindliche Vorkaufsrecht kann daher trotz seiner seltenen Anwendung als sinnvolles Instrument zur Planverwirklichung angesehen werden.

8. Ergänzende Planverwirklichungs-, Sicherungs- und Aufwertungsinstrumente

In Zusammenhang mit den Planverwirklichungs- und Sicherungsinstrumenten muss auch sowohl die in Süddeutschland häufig praktizierte freiwillige als auch die amtliche Umlegung ebenso erwähnt werden, wie die Veränderungssperre (§§ 14 ff. BauGB). Auch können auf der Grundlage des im Jahre 2007 neu eingeführten § 171 f. BauGB private Initiativen zur Stadtentwicklung (BID, ISG) dazu beitragen, Innenbereiche attraktiver zu gestalten, um damit Mobilisierungspotenziale zu aktivieren.

9. Attraktivitätssteigerung über kommunale Satzungen und über Förderprogramme

Die rechtlichen Möglichkeiten zur kommunalen Steuerung der Planverwirklichung über Erhaltungs-, Gestaltungs- und Denkmalbereichsatzungen dürfen ebenfalls nicht unerwähnt bleiben. Diese Instrumente dienen der konkreten Planumsetzung, insbesondere der Verwirklichung der Ortsbildpflege und der Erhaltung der städtebaulichen Eigenart eines Gebiets. Sie sind daher nicht wegzudenkende und positiv zu beurteilende Möglichkeiten zur Attraktivitätssteigerung von Innenstädten und Ortskernen.

Auch gezielte Programme der Innenstadt- und Ortskernförderung, wie insbesondere das klassische Städtebauförderungsprogramm, das Programm städtebaulicher Denkmalschutz sowie das neue Programm Aktive Stadt – und Ortsteilzentren bergen eine große Chance in sich, zur Attraktivitätssteigerung beizutragen. Damit können im Innenbereich positive Voraussetzungen zur Aktivierung von Mobilisierungspotenzialen geschaffen werden.

IV. Bedeutungsgewinn ökonomischer Steuerungsinstrumente

Angesichts der kommunalen Wirtschafts- und Haushaltssituation, die durch die Wirtschafts- und Finanzkrise zunehmend schlechter wird, heißt das Gebot der Stunde: Nicht nur marktgerecht planen, sondern auch marktgerecht mobilisieren.

Als praktische Beispiele eines kommunalen und strategischen Baulandmanagements kann auf die verschiedenen Aktivitäten von Kommunen in den einzelnen Bundesländern verwiesen werden. Dort haben sich die Akteure, speziell die Städte und Gemeinden, wie beim Bauforum Rheinland-Pfalz oder dem Forum Bauland in Nordrhein-Westfalen zusammengeschlossen um eine strategische Baulandmobilisierung zu forcieren.

V. Zusätzliche kommunale Möglichkeiten zur Verbesserung der Planverwirklichung

Über die bestehenden rechtlichen und strategischen Instrumente hinaus fordern die kommunalen Spitzenverbände daneben schon seit langem als ergänzende Möglichkeit zur Planverwirklichung die Einführung eines so genannten „zonierten Satzungsrechts“ (Novellierung des Grundsteuerrechts)

Ziel dieses zonierten Satzungsrechts ist es, dass eine Gemeinde baurechtlich bebaubare, aber tatsächlich unbebaute Grundstücke auf der Grundlage einer kommunalen Satzung zum Zwecke der Planverwirklichung mit einem höheren Grundsteuerhebesatz belegen kann. Auf diesem Wege könnte verhindert werden, dass Grundstückseigentümer ihre Grundstücke aus Gründen der Spekulation für längere Zeit nicht bebauen.

VI. Fazit

Als Fazit der Mobilisierungsinstrumente in der kommunalen Praxis lässt sich feststellen, dass die örtlich sowie regional unterschiedlichen Ausgangssituationen in den Gemeinden auch unterschiedliche kommunale Strategien erfordern. Die reine Angebotsplanung wird angesichts der mit ihr verbundenen Kostenbelastung für die Gemeinden mehr und mehr zum Auslaufmodell.

Stattdessen gewinnen kooperative und konsensuale Strategien, insbesondere städtebauliche Verträge, mehr und mehr für eine effiziente Mobilisierung von Bauland an Bedeutung.

Stark hoheitlich geprägte Instrumente (Städtebauliche Entwicklungsmaßnahmen, Baugebote etc.) sind demgegenüber wegen ihres Zwangscharakters in der kommunalen Praxis kaum verbreitet. Der eigentliche Zweck liegt hier allenfalls darin, als Druckmittel zur Planverwirklichung zu dienen und die Bauherren für ein Vertragsmodell zu gewinnen.

Wesentlich für den Planverwirklichungserfolg in einer Gemeinde ist die Abstimmung mit den Nachbargemeinden. Es nutzt die beste kommunale Mobilisierungsstrategie nichts, wenn die Nachbargemeinde diese durch völlig andere Maßnahmen unterläuft.

Die bisherigen Mobilisierungsmodelle des Baugesetzbuches sind grundsätzlich ausreichend und flexibel einsetzbar. Sie bieten den Gemeinden ein breites rechtliches Spektrum von Anwendungsmöglichkeiten. Eine Ergänzung bietet sich nur im Grundsteuerrecht durch Einführung eines zonierten Satzungsrechts an.

Angesichts der aktuellen Rahmenbedingungen werden neben den ökologischen zunehmend soziale und ökonomische Gesichtspunkte für eine Aktivierung der Mobilisierungspotenziale in den Gemeinden an Bedeutung gewinnen.

Baulücken und Leerstände – Steuerungsmöglichkeiten des Landes

*Gerd-Rainer Damm**

I. Ausgangssituation im Saarland

Von den alten Ländern wurde das Saarland als erstes und am stärksten vom demographischen Wandel betroffen. Das kleinste Land wird, zumindest was die Zahl der Bevölkerung anbetrifft, immer kleiner. Prozesse die den anderen westdeutschen Ländern der Republik noch bevorstehen, sind hier bereits eingetreten, sie begannen im Saarland bereits in den 60er Jahren.

Im Zeitraum von 1961 bis 2004 ist die Bevölkerung in den alten Bundesländern um ca. 6 % gestiegen, dahingehend im Saarland bereits um fast 2 % gesunken.

Ursache für die Bevölkerungsabnahme in der Vergangenheit und Gegenwart war und ist eine negative natürliche Bevölkerungsentwicklung. Anfang der sechziger Jahre wurden im Saarland jährlich noch fast 22.000 Kinder geboren, dreißig Jahre später waren es gerade noch halb so viele, 2006 nicht einmal 1/3. Die Geburtenquote liegt im Saarland im Moment bei 1,24 Kindern je Frau, somit deutlich unter dem Bundesdurchschnitt.

---

* Gerd-Rainer Damm ist Ltd. Ministerialrat im Ministerium für Umwelt in Saarbrücken.

Diese natürliche negative Bevölkerungsentwicklung wurde bis zu Beginn dieses Jahrhunderts noch durch Wanderungsgewinne abgemildert. Ab dem Jahre 2004 wandern jedoch mehr Menschen ab als zu. Bei einer Analyse der Wanderungsbewegungen der letzten Jahre ist festzustellen, dass insbesondere jüngere Menschen, die Altersgruppe der 25- bis 35-jährigen, das Land verlässt. Gerade diese Altersgruppe ist auf dem Wohnungsmarkt von großer Bedeutung.

Der Trend der Bevölkerungsabnahme wird sich auch in der Zukunft fortsetzen. Nach der elften koordinierten Bevölkerungsvorausberechnung der Statistischen Landesämter wird die Bevölkerungsabnahme im Saarland von 2005 bis 2020 ca. 8 % betragen.

Für das Thema „Baulücken und Leerstände“ ist jedoch weniger die absolute Zahl der Bevölkerung bedeutsam als vielmehr die Entwicklung der Zahl der Haushalte. Diese sind die Nachfrager auf dem Wohnungsmarkt. Im Saarland ist bereits seit Mitte der neunziger Jahre auch eine kontinuierliche Abnahme der Zahl der Haushalte festzustellen. Diese Verringerung wird sich in der Zukunft fortsetzen, allerdings nicht ganz so stark wie die der Bevölkerungszahl. Die Zahl der Haushalte wird von 2005 bis 2020 um ca. 5 % abnehmen. Dies wird zu einer sinkenden Nachfrage am Wohnungsmarkt führen.

Im Auftrag des saarländischen Ministeriums für Umwelt hat Frau Prof. Annette Spellerberg von der Technischen Hochschule Kaiserslautern eine Wohnungsbedarfsvorausschätzung bis zum Jahre 2015 durchgeführt. Diese Untersuchung aus dem Jahre 2005 prognostiziert unter der Annahme, dass keine zusätzlichen Wohngebäude errichtet werden bis zum Jahr 2015 ein Überangebot von ca. 18.000 Wohnungen in Ein- und Zweifamilienhäuser. Dem gegenüber ist im Geschosswohnungsbau bis 2015 ein Defizit von ca. 14.000 Wohnungen zu erwarten.

Demnach wird der bauliche Entwicklungsbedarf für die Zukunft entscheidend geringer als in der Vergangenheit sein. Die aktuelle Zahl der Bauanträge und die entsprechenden Baugenehmigungen belegen dies. Im Zeitraum von 1996 bis 2007 ist die Zahl der Baugenehmigungen für Wohnungen und für Wohngebäude von ca. 6.300 Wohnungen im Jahre 1996 auf ca. 1.400 Wohnungen im Jahre 2007 gesunken.

II. Einschätzung der Problematik

Die vorgenannte Datenlage zeigt, dass sich die Nachfrage für Neubauvorhaben zur Auffüllung von Brachen und Baulücken sowie für die Nutzung leer stehender Bausubstanz deutlich verringert hat und weiter verringern wird.

Ein Indiz für diese Einschätzung ist die Entwicklung der Baulandpreise (baureifes Land und Rohbauland). Sie sind im Saarland nach einem stetigen Anstieg bis zum Beginn dieses Jahrtausend zwischenzeitlich zum Stillstand gekommen.

Baulücken sind auffälliger als Leerstände. Verursacht wurden und werden Baulücken in hohen Maße durch planerische und kommunalentwicklungspolitische Fehleinschätzungen und Fehlentscheidungen.

Insbesondere in der Zeit vor der Gebietsreform im Saarland 1974, aber auch noch danach, haben die saarländischen Kommunen in einem überzogenen Maße Neubauland ausgewiesen. Dies hat dazu geführt, dass, trotz der später sehr restriktiven Genehmigungspraxis der Landesplanung, eine Vielzahl von Baulücken entstanden und noch vorhanden sind.

Gerade dort, wo die Kommunen nicht nur Umlegungen durchgeführt, sondern auch die Erschließung von Neubauland begonnen haben, sind die Baulücken eine enorme finanzielle Belastung der Kommunen. Den Kommunen sind diese Vorhaltekosten der kommunalen Infrastruktur in der Regel aber nicht bewusst. In nur wenigen Fällen wurde und werden seitens der Kommunen die Kosten von Neuerschließungen und die Infrastrukturfolgekosten kalkuliert, von den mittel- bis langfristigen Unterhaltungskosten ganz zu schweigen.

Aufgrund der aufgezeigten demographischen Entwicklung und der daraus folgenden nachlassenden Nachfrage nach Wohnungen im Einfamilienhausbereich füllen sich die vorhandenen Baulücken nur spärlich.

Ein weiterer Grund ist aber auch, dass in vielen Fällen die Baulücken nicht verfügbar sind. In der Vergangenheit wurden Bauflächen ohne Prüfung der Bauabsicht oder der Veräußerungsbereitschaft der Eigentümer ausgewiesen und ohne Bauverpflichtungen seitens der Kommunen veräußert.

Leider gibt es im Saarland kein wirksames finanzielles Anreizsystem, das diese Baulücken auf den Markt bringt. Das Saarland hat zwar die gesetzliche Grundlage für Straßen- und Gehwegausbausatzungen, die Kommunen sind jedoch nicht verpflichtet sie anzuwenden. Daher gibt es viele Kommunen, die diese vermeiden, geschweige denn darüber hinausgehende finanzielle Druckmittel gegenüber nicht veräußerungswilligen Bauflächeneigentümern anwenden.

In den letzten Jahren hat die restriktive Genehmigungspraxis der Landesplanung und die in vielen Kommunen jetzt teilweise praktizierte städtebauliche Kalkulation der Kosten von Neuerschließungsmaßnahmen zur Konsequenz, dass in den meisten Gemeinden des Saarlandes weniger, oftmals auch gar keine Neubauflächen mehr ausgewiesen werden. Somit besteht die Hoffnung, dass auf die vorhanden und bereits erschlossenen Baulandpotenziale verstärkt zurückgegriffen wird.

Baulücken sind in erster Linie ein Thema im sog. ländlichen Raum und der Randzone des Verdichtungsraumes. Dort vor allem erfolgte in der Vergangenheit die überdimensionierte Neubaulandausweisung. In diesen Regionen ist derzeit aber auch der Nachfragerückgang besonders zu spüren. In den städtischen Gebieten spielen Baulücken eine geringere Rolle. Dort ist die Problematik der Brachflächen und der minder und fehl genutzten Flächen bedeutsamer.

Durch den Strukturwandel im Gewerbe und Dienstleistungsbereich werden zudem zukünftig vermehrt innerstädtische Flächen aufgegeben und können neuen Nutzungen zugeführt werden. Hemmnisse sind hier allerdings oft die mangelnde Verkaufsbereitschaft, auch bei öffentlichen Eigentümern und überzogene Preisvorstellungen.

Aufgrund der Initiative der Agentur ländlicher Raum werde seit den vergangenen. 5 Jahren von 30 der insgesamt 52 Kommunen des Saarlandes Gebäude- und Wohnungsleerstände systematisch erfasst. Räumliche Konzentrationen dieser Leerstände lassen sich in den Stadt- und Ortsmitten, entlang stark belasteter Hauptverkehrsstraßen aber auch in den zusammenhängenden Wohngebieten der 60er und 70er Jahre des vorigen Jahrhunderts feststellen.

Eine Zunahme der Leerstände ist zu befürchten. Warum:

- Die Gebäudeleerstände in den Ortskernen, an belasteten Straßen und in heruntergewirtschafteten Gebäuden wurden in der Vergangenheit nach Auszug der angestammten Bewohner oftmals von Haushalten mit Migrationshintergrund wieder belegt. Der Zuzug dieser Bevölkerungsgruppe hat sich jedoch abgeschwächt. Gebäude mit schlechter Bausubstanz in wenig attraktiven Lagen ohne zugeordnete Freiflächen sind kaum noch vermarktbar.
- In den größeren zusammenhängenden Wohngebieten der 60er und 70er Jahre wohnt eine altersmäßig relativ homogene Bevölkerungsschicht, die aufgrund ihres Alters die Wohnungen bereits aufgegeben hat oder in absehbarer Zeit aufgeben wird. Die Kinder und Erben haben bereits in den jüngeren Baugebieten am Ortsrand gebaut oder erwirtschaften das Bruttosozialprodukt außerhalb des Saarlandes in Frankfurt, München oder Stuttgart.

Landesweite Daten über das Ausmaß der Leerstände liegen nicht vor, aber für die Gemeinden, die in eigener Zuständigkeit Leerstandserhebungen durchgeführt haben. Die Zahlen aus den Jahren 2005 bis 2007 zeigen einen Leerstandsanteil teilweise noch unter 2 % aber auch bereits Quoten von über 8 %.

Leerstandsquoten von unter 3 % sind noch nicht dramatisch sofern sie sich nicht räumlich konzentrieren. Die potentiellen Leerstände lassen jedoch eine besorgniserregende Entwicklung befürchten. Als potentielle Leerstände sind Gebäude definiert, die nur noch von einer oder zwei Personen, jeweils über 70 Jahre, bewohnt sind. Für diese potentiellen Leerstände werden häufig Quoten von über 10 % ermittelt, beispielsweise im zentralen Ort einer Mittelstadt über 13 %.

In den größeren Städten des Verdichtungsraumes konzentrieren sich die Leerstände im Geschosswohnungsbau in stadträumlich wenig attraktiven Lagen. Die Städte haben sich der Thematik, im Gegensatz zu vielen eher ländlich geprägten Gemeinden, noch nicht systematisch angenommen. Wohnungsbauunternehmen, die hier viele Bestände besitzen, halten das Thema „Leerstände" auch gerne „unter der Decke".

Aber es gibt auch eine nicht geringe Zahl von Kommunen, die die Leerstandserhebungen lieber in der Schublade lassen und nicht zur Grundlage planerischer oder strategischer Handlungen machen. Der Grund ist wohl, dass diese Fakten die Kommunen scheinbar in einem schlechten Licht erscheinen lassen.

III. Handlungsmöglichkeiten

Zur Aktivierung von Baulücken und Wiedernutzung von Leerstandspotenzialen sehe ich grundsätzlich zwei Strategien. Die eine ist die Verknappung des Angebotes von neuen Bauflächen und die andere die Attraktivierung und Mobilisierung von Baulücken, Brachen und Leerständen.

Für den ersten Ansatz stehen auf Landesseite die Instrumente der Landesplanung zur Verfügung. Der zweite Ansatz ist die gezielte Fokussierung der einzelnen Förderprogramme. Beide Wege müssen sich aber gegenseitig ergänzen und kohärent zueinander eingesetzt werden.

Voraussetzung für den Erfolg dieser Aktivierungs- und Mobilisierungsstrategie ist aber, dass überhaupt eine relevante Nachfrage nach Baumöglichkeiten und Wohnraum besteht.

1. Landesplanung

Ein zentrales Steuerungsinstrument zur Verhinderung von Baulücken, bzw. zur Vermeidung und Verringerung von Leerständen ist die Verknappung der Neuausweisung von Wohnbauflächen. Dies wird von der Landesplanung durch restriktive Zielvorgaben auch konsequent betrieben.

Der Landesentwicklungsplan Teilabschnitt „Siedlung" begrenzt die Bauflächenausweisung der saarländischen Kommunen – differenziert nach der jeweiligen Zentralität und der Gemeinde – mit maximal 1,5 bis 3,5 Wohneinheiten pro Tausend Einwohner und Jahr.

Ähnliche Zielvorgaben existieren in Regionalplänen anderer Länder, beispielsweise in Rheinland-Pfalz für die Westpfalz. Dort sind die Zielwerte je Tausend Einwohner und Jahr jedoch deutlich höher (zwischen 3,5 und 4,5 WE je 1.000 EW und Jahr), obwohl die Westpfalz keineswegs eine positivere Bevölkerungsentwicklung hat und in der Zukunft haben wird.

Die vorgenannten Zielsetzungen bleiben wirkungslos, wenn nicht die bereits vorhandenen Siedlungspotenziale berücksichtigt werden. Im Saarland müssen die Kommunen baulückenscharf ihre Flächenpotenziale ermitteln und fortschreiben. Einbezogen werden alle Baulücken in rechtskräftigen Bebauungsplänen sowie die Darstellungen der Flächennutzungspläne. Bei der Vorlage von Bebauungs- bzw. Flächennutzungsplänen zur landesplanerischen Stellungnahme müssen die Gemeinden die aktuellen Baulückenbilanzen aufzeigen. Nur wenn die vorhandenen Potenziale unterhalb der Zielwerte des LEP Siedlung liegen, erfolgt zu den Bauleitplänen eine positive landesplanerische Stellungnahme bzw. eine Genehmigung des Flächennutzungsplanes oder einer Flächennutzungsplanänderung.

Zur Vermeidung zukünftiger Baulücken ist im Landesentwicklungsplan Teilabschnitt „Siedlung“ der Grundsatz aufgenommen, dass in neuen Bebauungsplänen die Wohnungsbaugrundstücke für Bauwillige tatsächlich zur Verfügung stehen. Daher sollen Baulandausweisungen nur dort vorgenommen werden, wo die Kommunen über die betreffenden Baugrundstücke verfügen oder im Rahmen privatrechtlicher Verträge mit den Grundstückseigentümern die Verfügbarkeit gesichert ist. Die Veräußerung von Baugrundstücken soll an die Verpflichtung geknüpft werden, die Grundstücke innerhalb eines angemessenen Zeitraumes zu bebauen. Wird dies nicht erfüllt, fallen die Baugrundstücke zum Einstandspreis an die Gemeinde zurück. Dies ist ein Modell analog des südwestdeutschen Einheimischenmodells. Ca. ¾ aller saarländischen Kommunen verfahren entsprechend bzw. weisen nur dann neue Flächen aus, wenn diese im Besitz der Gemeinde bzw. für sie verfügbar sind.

2. Städtebauförderungsprogramme

Während die Instrumente der Landesplanung nur eine indirekte Wirkung entfalten können, stehen mit den Städtebauförderungsprogrammen direkte Steuerungsmöglichkeiten zur Verfügung. Bei allen Städtebauförderungsprogrammen, dem normalen Städtebauförderungs- und Stadtentwicklungsprogramm (S + E Programm), Stadtausbau West, Soziale Stadt, Aktive Stadt- und Ortsteilzentren und Städtebaulicher Denkmalschutz spielen im Saarland die Aufgaben Wiedernutzung von Brachen, Schließung von innerörtlichen Baulücken sowie der Umgang mit leer stehender Bausubstanz eine große Rolle.

In fast allen Programmgebieten sind die städtebaulichen Missstände mit verursacht durch Brachen, leer stehende Bausubstanz oder drohende Leerstände. Die vorgenannten Programme können jedoch nicht flächendeckend sondern nur in Problemschwerpunkten eingesetzt werden. Diese liegen in der Regel in den Zentren der zentralen Orte oder in Ortsteilzentren.

Handlungsinstrumente sind die Durchführung von Workshops, strategische Planungen, städtebauliche Planungen, die Förderung des Grunderwerbs, der Ordnungsmaßnahmen (Freilegung, Abbruch, Neuerschließung), die Gestaltung und Herrichtung von Freiflächen sowie Neubaumaßnahmen. Außerhalb des Verdichtungsraumes wird in der Regel das S + E-Programm eingesetzt. Am erfolgreichsten ist der klassische Weg: Förderung des Erwerbs danach Durchführung von Ordnungsmaßnahme oder Instandsetzung und Modernisierung sowie die abschließende Veräußerung und die revolvierende Wiedereinsetzung der Fördermittel.

In den größeren Städten werden die Programme Soziale Stadt und Stadtumbau West zur Lösung der Missstände eingesetzt.

Andere Instrumente des Städtebaurechts wie Instandsetzungs-, Modernisierungs- oder Baugebote werden in der Praxis so gut wie nicht angewandt. Was allerdings fehlt und für die Kommune hilfreich wäre, ist ein Instrument, dauerhaft leerstehende Gebäude enteignen zu können.

Für die Aufnahme oder die Fortsetzung von Maßnahmen in den einzelnen Städtebauförderungsprogrammen wird zwingend die Erarbeitung von integrierten Stadtentwicklungskonzepten gefordert. Diese müssen sich mit den Themen des demografischen Wandels, der Entwicklung des Wohnraumbedarfes, der Infrastrukturauslastung sowie der Brachflächen befassen. Hieraus haben die Städte dann ein Handlungskonzept abzuleiten, das insbesondere auf die Stärkung der innerörtlichen Entwicklung eingeht. In einem interaktiven Prozess zwischen Kommune und Ministerium muss zu Beginn letztere oftmals die Rolle des Initiators bzw. Einfordernden übernehmen.

Zusätzlich ist gemeinsam mit dem Innenministerium ein Programm zur Förderung von gemeindlichen Entwicklungskonzepten, die sog. GEKOS, aufgelegt worden. Ein Schwerpunktthema dieser Entwicklungskonzepte ist ebenfalls der Umgang mit dem demographischen Wandel, die zukünftige Bevölkerungsentwicklung, die Auslastung der Infrastruktur und vorhandene bzw. drohende Leerstände.

Erst wenn diese Erkenntnisse in den Kommunen sowohl auf der fachlichen als auch auf der Ebene der politischen Entscheider angekommen sind, können aktive Steuerungsmaßnahmen eingesetzt werden.

3. Programm MELANIE

Im ländlichen Raum sind die Aktivitäten zur Bewältigung der Folgen des demografischen Wandels, Konzepte zur Wiedernutzung von Leerständen und die Maßnahmen zur Eindämmung des Landschaftsverbrauches zusammengefasst im Programm MELANIE (Modellvorhaben zur Eindämmung des Landschaftsverbrauchs durch innerörtliche Entwicklung). Betreut und durchgeführt wird dieses Programm durch die bereits vorher genannte Agentur Ländlicher Raum, eine Organisationseinheit in der Abteilung Landes- und Stadtentwicklung, demografischer Wandel des Ministeriums für Umwelt. Die Agentur versteht sich als Dienstleister und Begleiter der Dörfer und der ländlichen Regionen zur Bewältigung des Prozesses des demografischen Wandels und der Eindämmung des Landschaftsverbrauches.

Wichtigste Maßnahmen des Programms sind die Darstellung des demografischen Wandels mit seinen Ursachen und Folgen für die Gemeinden im ländlichen Raum und die Förderung von beispielhaften Projekten und Maßnahmen. Diese sollen Vorbildcharakter haben und eine besondere Initialzündung entfalten. Inhaltliche Themen sind insbesondere:

- Bestehender oder drohender Leerstand
- Strategien zur Wiedernutzung von Gebäuden
- Wiederbelebung der Dörfer (Wohnen, Arbeiten, Freizeit im Dorf)
- Umgang mit brachgefallener Infrastruktur.

Dabei besitzt das Programm eigene Fördermittel, koordiniert aber auch andere Förderprogramme im ländlichen Raum (ILEK, LEADER, Mittel der Dorferneuerung, Tourismusförderung).

Neben der Förderung von Einzelprojekten mit Vorbildfunktion ist von besonderer Wirksamkeit die Überzeugungsarbeit, oftmals drastisch und plastisch in Dorfgesprächen, Gesprächen mit den Vereinen und Orts- und Gemeinderäten. Entscheidend für den Erfolg dieser und auch der anderen vorgenannten Maßnahmen sind weniger ausformulierte Förderrichtlinien oder festgelegte Strategien als vielmehr das Engagement und die Motivation der Mitarbeiter sowie der

Wille und die Möglichkeit ganzheitlich zu denken und zu arbeiten und formale Zuständigkeiten hinter sich zu lassen.

4. Wohnungsbauförderung

Ein weiteres wirksames Steuerungsinstrument ist die Wohnungsbauförderung. Nach der Übertragung der Zuständigkeit der Wohnungsbauförderung auf die Länder im Rahmen der Förderalismusreform ist sie im Saarland im Jahre 2007 neu ausgerichtet worden. Nach diesen neuen Wohnraumförderbestimmungen werden vorrangig Modernisierungsmaßnahmen und Neubaumaßnahmen im Bestand gefördert. An erster Stelle sind dies Modernisierungen und Neubauten in Stadterneuerungsgebieten, d. h. in Sanierungsgebiete, Stadtumbaugebiete, Gebiete der Sozialen Stadt, Entwicklungsgebiete und Erhaltungssatzungsgebiete. Nachrangig zu dieser Gebietskulisse werden Maßnahmen in den zentralen Orten der Gemeinden gemäß Landesentwicklungsplan „Siedlung“ gefördert. Hier müssen die Maßnahmen innerhalb des Bebauungszusammenhangs nach § 34 BauGB oder im Geltungsbereich von Bebauungsplänen oder Satzungen nach § 34 Abs. 4 BauGB liegen, die vor dem 1.1.2007 rechtskräftig geworden sind. In Bebauungsplänen, die nach dem 1.1.2007 Rechtskraft erlangt haben, werden Maßnahmen nur gefördert, wenn sie der Innenentwicklung der Städte und Gemeinden dienen.

Die Wohnraumförderbestimmungen konkretisieren für den letzteren Fall , dass die zu fördernden Maßnahmen in Bebauungsplänen liegen müssen, die der Nachnutzung von Brachen, Recycling- und Konversionsflächen, der Neunutzung von innerörtlichen Flächenreserven und von Baulücken dienen und die Erhaltung, Erneuerung, Anpassung und dem Umbau bestehender Stadt- und Ortsteile nachhaltig unterstützen.

IV. Neuere Überlegungen

Die vorgenannten Programme können nicht flächendeckend in allen saarländischen Kommunen eingesetzt werden. Sie fokussieren sich immer auf räumliche und auf Problemschwerpunkte. Die Leerstandsproblematik ist jedoch im Saarland landesweit, in fast allen Kommunen, eine Herausforderung. Aufgrund der zu erwartenden demografischen Entwicklung wird sich dieses Thema in den nächsten Jahren verschärfen.

Im Rahmen des Melanie-Programms wurde daher die Aufstellung eines Gebäudeabrissprogramms geprüft aber vor allem wegen fehlender finanzieller Mittel für ein landesweites Förderprogramm verworfen. Die Gemeinde Illingen, an deren Beispiel das Abrissprogramm entwickelt wurde, wendet es in eigener Regie in einer abgespeckten Form an.

Anstelle dessen wird derzeit die Aufstellung eines Gemeindeentwicklungsfonds vorbereitet. Das Saarland möchte den Einsatz eines Fonds als ein neues Instrument zur Finanzierung von Projekten und Maßnahmen der Stadtentwicklung prüfen und gleichzeitig öffentlich/private Partnerschaften und Netzwerke initiieren.

Leerstände und potentielle Leerstände sind zwar ein wesentlicher Anlass für diese Überlegungen, die Handlungsbereiche des neuen Fonds sollen jedoch auch andere Felder der Stadt- und Gemeindeentwicklung mit einbeziehen. Dazu sollen die Themen Ver- und Entsorgung, Energie, lokale Ökonomie sowie der Einsatz von Umwelt- und Biotechnik im kommunalen Bereich gehören.

Der geplante Gemeindeentwicklungsfond soll revolvierend angelegt werden. Gewinne der aus dem Fond geförderten Maßnahmen und Projekte sollen wieder zurückfließen, um sie dann wieder für neue Projekte einzusetzen. Deshalb ist beabsichtigt auch solche Handlungsfelder aufzunehmen, durch die Einnahmen generiert werden können. Nur mit dem Aufgabenfeld Abriss oder Erwerb leer stehender Bausubstanz alleine wäre dies Ziel nur schwer zu erreichen.

Seitens der EU und des Bundes besteht ein großes Interesse an der Entwicklung bzw. der Überprüfung der Wirksamkeit eines solchen Fonds. Deshalb fördert die Europäischen Investitionsbank zurzeit eine entsprechende Machbarkeitsstudie. Der Bund, das BMVBS, beabsichtigt eine 3-jährige Modellphase zu begleiten. In dieser Modellphase sollen die durch die Machbarkeitsstudie identifizierten Geschäftsfelder mittels verschiedener Impulsprojekte erprobt werden. Der Fond wird sich an der EU-Initiative JESSICA orientieren. Gegebenenfalls werden auch EFFRE-Mittel in den Fond fließen.

V. Abschließende Einschätzungen

Der demographische Wandel wird das Saarland, aber auch die Westpfalz stärker treffen als die Prognosen der 11. koordinierten Bevölkerungsvorausschätzung vorhersagen. Positive Wanderungseffekte an der Grenzlage zu Luxemburg werden sich nur lokal und unwesentlich auf die Gesamtentwicklung auswirken. Die Zahl der potentiellen Einfamilienhausbauer und die Nachfrage am sonstigen

Wohnungsmarkt werden weiter sinken. Dies wird in wenig attraktiven und eher peripheren Räumen zu einem Anstieg der Leerstände führen. Für die Vielzahl der in der nächsten Zukunft aus Altersgründen auf den Markt kommenden Einfamilienhäuser und Wohnungen wird keine ausreichend große Nachfrage vorhanden sein. Der bereits feststellbare Preisverfall am Immobilienmarkt wird sich verstärken. Preisverfall führt zur Deinvestition in Teilen der Wohnungs- und Gebäudebestandes was wiederum die Attraktivität von Standorten verschlechtert und zu weiterem Leerstand führen kann.

Ab wann und ob überhaupt durch die fehlenden Investitionen im Geschosswohnungsbau eine Angebotsverknappung entstehen wird, die den Wohnungsbau wieder lukrativ erscheinen lässt, ist derzeit nicht abzuschätzen. Auf der anderen Seite werden sich städtebaulich und landschaftlich attraktive Standorte in verkehrsgünstiger Lage auch zukünftig gut vermarkten lassen.

Eine Politik für den Erhalt und die Stärkung unserer Städte ist vor allem auch Investitionspolitik. Ob es gelingen wird unsere Städte auch in Zeiten des demographischen und wirtschaftlichen Wandels vital zu halten, hängt von einem dauerhaften hohen Investitionsniveau sowohl im privaten als auch im öffentlichen Bereich ab. Die begrenzten öffentlichen Mittel werden daher primär in den räumlichen Bereichen eingesetzt, in denen durch attraktivitätssteigernde Investitionen auch private Nachfrage erzeugt wird.

Mittelfristig werden wir also davon ausgehen müssen, dass es insbesondere in strukturschwachen und in peripheren ländlichen Bereichen zu Deinvestitionen und Leerständen kommen kann. Diese werden durch öffentliche Fördermittel, aus welchen Programmen auch immer, nicht aufgefangen werden können. Brachen, Leerstände, Baulücken und mittel- und langfristig auch Wüstungen werden in einigen Regionen auch im Westen Deutschlands zum Bild von Gemeinden gehören.

Auf diese zukünftige Herausforderung sind weder Planer noch die politisch Verantwortlichen vorbereitet. Unsere bisherige Planungsmethodik und unsere Instrumente zielen immer noch vorrangig darauf ab, Wachstum zu steuern. Vielleicht müssen wir hier im Westen Deutschlands noch einiges von unseren Kollegen im Osten lernen.

Aber auch gerade in Regionen die besonders vom demographischen und vom Strukturwandel betroffen sind, ist es Aufgabe der Landes- und Stadtentwicklung, die Attraktivität der Region für Menschen, Unternehmen und Investitionen zu steigern. Vielerorts fehlt die dafür notwendige städtebauliche Qualität. Wichtig wird es sein, in diesen Regionen nicht flächendeckend wenig sondern schwerpunktmäßig konzentrierte Fördermittel einzusetzen. Schwerpunkte müssen dabei vor allem die zentralen Orte sein. Ein Beispiel zur Steigerung der Lebensqualität ist das Projekt „Stadtmitte am Fluss“ in der Landeshauptstadt Saarbrücken.

Wirtschaftlichkeitsbetrachtungen zur Siedlungsentwicklung im Bereich Wohnen im Rahmen von Szenarien zur Bevölkerungs- und Siedlungsentwicklung für die Region Freiburg: komreg

*Prof. Dr. Alfred Ruther-Mehlis**

Einleitung

Ziel des Verbundvorhabens „Kommunales Flächenmanagement in der Region (komreg)“ ist die Förderung der Innenentwicklung und die langfristige Umsetzung eines flächensparenden Siedlungsflächenmanagements in der Region Freiburg. Dazu werden Szenarien der Siedlungsentwicklung für die Region Freiburg als Visualisierungs- und Kommunikationsinstrument für lokale und regionale Entscheidungsträger erarbeitet. In drei Varianten zeigen diese die Entwicklungsperspektiven der Flächen für den Wohnungsbau bis zum Jahr 2030 auf und quantifizieren mögliche Beiträge der Innenentwicklung zur Deckung des Wohnbaulandbedarfs. Im Kontext der Szenarioergebnisse werden zudem die Investitions- und Folgekosten der künftigen Siedlungsentwicklung abgebildet. Um die Innenentwicklung in den Kommunen zu unterstützen, werden konkrete Handlungsansätze für die Aktivierung von Wohnungsbaupotenzialen im Innenbereich formuliert.

---

* Prof. Dr.-Ing. Alfred Ruther-Mehlis ist Studiendekan Stadtplanung an der Hochschule für Wirtschaft und Umwelt in Nürtingen-Geislingen.

Das Projekt wurde bearbeitet vom Öko-Institut e.V. Darmstadt (Verbundleitung), dem Planungsbüro Baader Konzept GmbH Mannheim, dem Institut für Stadt- und Regionalentwicklung (IfSR) an der Hochschule Nürtingen-Geislingen und der Stadt Freiburg i.Br. in Kooperation mit zehn Städten und Gemeinden der Region Freiburg: Au, Ballrechten-Dottingen, Breisach, Emmendingen, Hartheim, Herbolzheim, Merzhausen, Schallstadt, Titisee-Neustadt und Umkirch. Darüber hinaus wurden die regionalen Planungsbehörden, die beiden Landkreise Emmendingen und Breisgau-Hochschwarzwald, lokale wie regionale Experten im Handlungsfeld der Siedlungsentwicklung sowie die Entscheidungsträger der übrigen Kommunen der Region intensiv in die Projektarbeit eingebunden.

I. Arbeitsschritte und Methoden

Im Mittelpunkt von komreg steht das Aufzeigen der mittel- bis langfristigen Perspektiven der wohnbaulichen Siedlungsentwicklung in der Region Freiburg. Diese Entwicklungsperspektiven – dargestellt in unterschiedlichen Szenarien der Siedlungsentwicklung – sind Beiträge zur Diskussion der strategischen Ausrichtung der künftigen Siedlungspolitik der Region. Die Projektarbeit gliedert sich in mehrere Arbeitsphasen (siehe Abbildung 1).

Grundlage der Arbeit war die detaillierte Ermittlung der vorhandenen Innenentwicklungspotenziale in den Projektkommunen. Ausgehend von diesen Erhebungsergebnissen wurde das theoretische Wohnbaulandpotenzial im Siedlungsbestand für die Region Freiburg hochgerechnet.

Vielfältige Einflussgrößen (z. B. Eigentümerinteressen, stadtökologische Aspekte) bedingen, dass es unrealistisch ist bzw. nicht gewollt sein kann, die vorhandenen Wohnbaulandpotenziale im Bestand vollständig einer baulichen Nutzung zuzuführen. Vor diesem Hintergrund war es erforderlich, die ermittelten Potenziale auf einen tatsächlich realisierbaren Umfang zu reduzieren. Mit der eigens für das Projekt entwickelten Methode der je nach Raumkategorie und Wohnungsbedarfssituation differenzierten Aktivierungsraten konnte das voraussichtlich realisierbare Innenentwicklungspotenzial bis zum Jahr 2030 ermittelt werden.

Die quantifizierten und nach Typ differenzierten Wohnbaulandpotenziale im Bestand stellen bei der Erstellung der Szenarien die Angebotsseite dar. Zur Bestimmung der Bedarfsseite wurden Annahmen zur Entwicklung des künftigen Wohnbaulandbedarfes differenziert für die Projektkommunen sowie die Region Freiburg getroffen. Ausgehend von diesen Daten konnten die Szenarien der Sied-

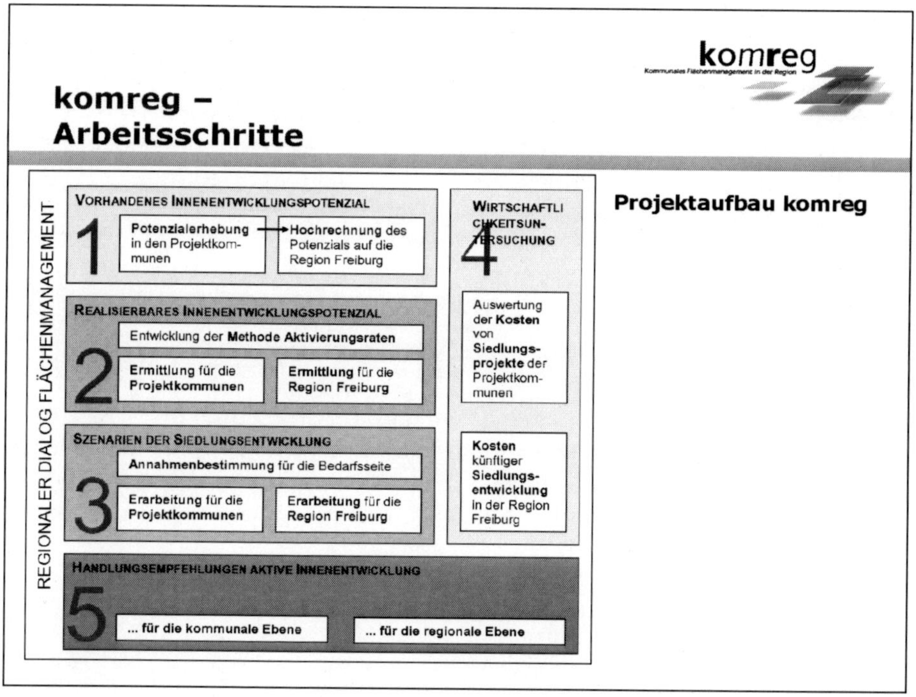

Abbildung 1: Arbeitsschritte im REFINA-Verbundvorhaben komreg
Quelle: REFINA-Verbundvorhaben komreg (2008).

lungsentwicklung bis 2030 für die Projektkommunen wie die Region Freiburg in drei Varianten (Effizienzszenario, Basisszenario, pessimistisches Szenario) berechnet werden.

Die beschriebenen Arbeitsschritte wurden begleitet von Wirtschaftlichkeitsuntersuchungen zur Siedlungsentwicklung. Ihre Grundlage war die Erhebung und Auswertung von Daten zu Investitions- und Unterhaltungskosten bei zwanzig abgeschlossenen Siedlungsprojekten der elf Kommunen. Ein erstes Zwischenergebnis waren Kennwerte einzelner Kostenarten differenziert nach Projekt- und Gemeindetypen. Mittels dieser konnten die Kosten der künftigen regionalen Siedlungsentwicklung – wie sie in den Szenariovarianten beschrieben wird – bemessen werden.

Abschließend stand die Formulierung von Handlungsempfehlungen für eine aktive Innenentwicklung in den Kommunen bzw. für die strategische Ausrichtung der Region auf eine nachhaltige Siedlungspolitik im Mittelpunkt.

Damit die Projektergebnisse Wirksamkeit entfalten, ist die offensive Kommunikation des Anliegens entscheidend. Entsprechend war die gesamte Projektarbeit eingebettet in einen intensiven interkommunalen und regionalen Dialog zum Flächenmanagement im Rahmen verschieden konzipierter Workshops und Tagungen. Zunächst wurde dieser Dialog mit den elf Projektkommunen begonnen, anschließend auf alle 75 Kommunen der Region Freiburg ausgeweitet.

II. Wesentliche Ergebnisse

1. Potenzialerhebung – Instrument Baulandkataster

In den Projektgemeinden wurden die Baulandpotenziale durch die Auswertung vorhandener Informationen und umfangreicher Begehungen im Innenbereich erhoben und in ein Geografisches Informationssystem (GIS) eingestellt. Ergänzt um flächenspezifische Daten bilden diese Informationen ein fortschreibungsfähiges Baulandkataster.

Die Erhebung der Innenentwicklungspotenziale erfolgte nach vier Kategorien:

- Baulücken,
- geringfügig genutzte Flächen,
- Brachflächen und
- Althofstellen.

Diese wurden im Innenbereich (Bebauungsplangebiete und Gebiete nach § 34 BauGB) ab einer Größe von ca. 250 m² flurstücksscharf und flächendeckend erfasst. Neben den Wohnbauflächenpotenzialen wurden auch gewerbliche Potenziale in die Baulandkataster eingestellt. Für die weitere Bearbeitung im Rahmen des Forschungsprojektes wurde der Fokus auf die Wohnbaulandpotenziale gerichtet.

Die Verteilung nach Innenentwicklungspotenzialtypen (Anzahl und Flächenumfang) variiert in den Städten und Gemeinden. Insbesondere in Kommunen mit ländlich geprägten Teilorten kommt den Althofstellen eine besondere Bedeutung hinsichtlich der Umnutzung gewachsener Bausubstanz und der Sicherung von Qualitäten im Bestand zu. Die größeren Städte und Gemeinden verfügen zum Teil über großflächige Brachen, die zu Wohnbauzwecken herangezogen werden können.

Betrachtet man den ermittelten Umfang der Potenzialflächen in Hektar je 1.000 Einwohner nach Gemeindegrößenklasse, zeigt sich, dass in den Projektkommunen, die weniger als 5.000 Einwohner aufweisen, die meisten Flächen vorhanden sind. Mit zunehmender Größe der Kommune nimmt die durchschnittliche Fläche der Wohnbaulandpotenziale je 1.000 Einwohner ab. Dieses Verhältnis zeigt sich auch bei einer differenzierten Betrachtung der einzelnen Potenzialtypen – mit Ausnahme der Brachflächen.

Insgesamt ist festzustellen, dass es auch in der Stadt Freiburg i.Br. und den Kommunen in der Randzone des Verdichtungsraums trotz des seit Jahrzehnten bestehenden Siedlungsdrucks erhebliche Wohnbaulandpotenziale im Bestand gibt.

Um regionale Szenarien der Siedlungsentwicklung erstellen zu können, sind Aussagen zum Innenentwicklungspotenzial in der Gesamtregion erforderlich. Hierzu erfolgte eine Hochrechnung der in den komreg-Kommunen erhobenen Innenentwicklungspotenziale über den Faktor Potenziale in Hektar/1.000 Einwohner nach Gemeindegrößenklassen. Dabei wurde nach den Raumstrukturtypen „Ländlicher Raum“ sowie „Verdichtungsraum/Randzone Verdichtungsraum“ differenziert, um den unterschiedlichen Entwicklungsvoraussetzungen Rechnung zu tragen.

Die erfassten Innenentwicklungspotenziale stellen ein theoretisch aktivierbares Potenzial dar. Die bauliche Nutzung aller Potenzialflächen ist nicht realistisch und kann nicht das Ziel einer qualitätsorientierten Innenentwicklung sein. Es geht darum, städtebauliche Qualitäten zu bewahren und zu fördern. Während auf der einen Seite der Erhalt von Flächen mit besonderen Freiraumfunktionen (z. B. stadtökologische Funktion, Erholungsfunktion) zu gewährleisten ist, trägt auf der anderen Seite die bauliche Nutzung von Innenentwicklungspotenzialen zur Vervollständigung/Stärkung der vorhandenen Strukturen und zur Qualität des Stadt- bzw. Ortsbildes bei.

Eigentümerinteressen, kommunalpolitische Prioritätensetzungen und externe Faktoren wie die demografische Entwicklung wirken zusätzlich auf die Aktivierbarkeit von Innenentwicklungspotenzialen ein. Diesen Einflussgrößen wurde durch die Abschichtung des theoretischen auf ein tatsächlich realisierbares Potenzial Rechnung getragen. Hierzu wurde die Methode der Aktivierungsraten als neues anwendungsorientiertes Instrument entwickelt. In jeder Projektkommunen sowie für die Landkreise Emmendingen und Breisgau-Hochschwarzwald (differenziert nach Raumstrukturtypen) wurden in Abstimmung mit lokalen und externen Experten je Innenentwicklungstyp (Baulücke, geringfügig genutzte Fläche, Brachfläche, Althofstelle) Aktivierungsraten in Prozent pro Jahr angesetzt. Hierbei wurde auch die unterschiedliche Bedarfsentwicklung in den drei Szenarien berücksichtigt. Durch diesen jährlichen Abschlag, ausgehend von der Anzahl an theoretischen Innenentwicklungspotenzialen, liegt im Ergebnis das bis 2030 im Innenbereich realisierbare Potenzial nach Typen für die einzelnen Projektkommunen sowie für die gesamte Region vor.

2. Szenarien der Siedlungsentwicklung

Die Szenarien der Siedlungsentwicklung für die Region Freiburg ermöglichen den Abgleich der Angebots- und der Bedarfsseite für Wohnbaulandflächen. Im Ergebnis machen sie deutlich, wie viele Hektar Wohnbaulandflächen im Außenbereich zur Deckung des Wohnungsbedarfes der Region Freiburg bis 2030 bei bestimmten Annahmen zu Bedarfsentwicklung und Bestandspotenzialen noch erforderlich sind.

Die Szenarien für die Projektkommunen und die Region Freiburg erlauben einen Blick in die Zukunft. Sie stellen ein Bündel unterstützender Informationen für das siedlungspolitische Handeln zur Verfügung. Durch die Visualisierung der Konsequenzen bestimmter siedlungspolitischer Entscheidungen und Zielsetzungen können sie einen Beitrag zur siedlungspolitischen Ausrichtung bzw. für diese betreffende Entscheidungen der Städte, Gemeinden und der Region liefern. Wichtig ist: Szenarien sind keine Prognosen! Sie zeigen Entwicklungsoptionen und -korridore unter explizit definierten Rahmenbedingungen auf und können so Entscheidungen gut vorbereiten, die erforderliche politische Diskussion und Bewertung sowie strategische Entscheidungen selber ersetzen sie nicht.

Die Erstellung der Szenarien in drei Varianten (Effizienzszenario, Basisszenario, pessimistisches Szenario) zeigt – ausgehend von unterschiedlichen Annahmen für Bedarfs- und Angebotsseite – einen Entwicklungskorridor auf. Die Wirkungen spezifischer Szenarioannahmen werden so transparent. Innerhalb der Szenarien werden die Raumstrukturtypen Verdichtungsraum inklusive Randzone sowie ländlicher Raum differenziert betrachtet.

Als Basis der Szenarien der Siedlungsentwicklung sind begründete Annahmen zu Berechnungen der Bedarfsentwicklung und zur Aktivierung der erhobenen Bestandspotenziale zu treffen. Dieses „Spielen“ mit einzelnen Szenarioannahmen ermöglicht ein Ausloten von Handlungsmöglichkeiten innerhalb eines definierten Rahmens.

Grundlage der Annahmen zum Wohnbaulandflächenbedarf in den betrachteten Räumen bis 2030 sind empirische Daten sowie Erfahrungswerte. Wichtiger Bestandteil ist die Wohnungsbedarfsprognose des Statistischen Landesamts

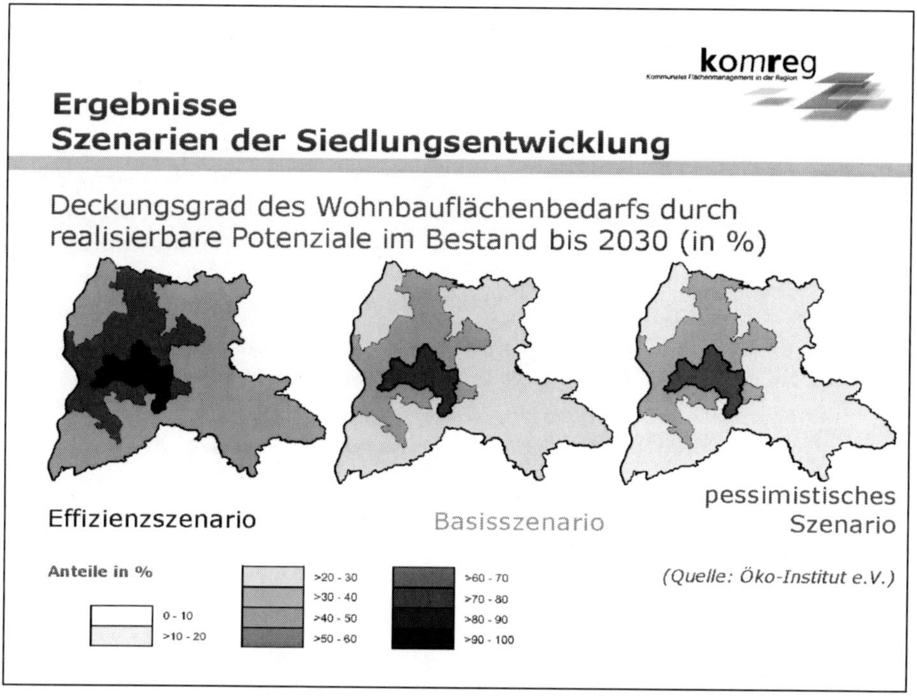

Abbildung 2: Deckungsgrad des Wohnbauflächenbedarfs durch realisierbare Potenziale im Bestand bis 2030 (in Prozent)
Quelle: REFINA-Verbundvorhaben komreg (2008).

Baden-Württemberg vom Juli 2007. Der sogenannte Haustypenmix beschreibt das Maß der baulichen Dichte im jeweiligen Szenarioraum.

Grundlage für die Ermittlung des Angebots an Wohnbauflächen im Bestand bilden die erhobenen bzw. extrapolierten Innenentwicklungspotenziale in den Projektkommunen bzw. der Region Freiburg. Diese wurden auf das tatsächlich realisierbare Potenzial abgeschichtet.

Die Szenarien machen für alle Teilräume der Region Freiburg deutlich, dass die vorhandenen Innenentwicklungspotenziale einen erheblichen Anteil des flächenrelevanten Wohnungsneubaubedarfs abdecken können. Der Deckungsgrad des Wohnbaulandbedarfs bis zum Jahr 2030 durch Wohnbaulandpotenziale im Bestand beträgt im Basisszenario für die Stadt Freiburg i.Br. 76 %, im Verdichtungsraum inklusive Randzone 49 % und im ländlichen Raum 25 %. Hierbei ist nur das realisierbare Innenentwicklungspotenzial zugrunde gelegt. Der benannte hohe Deckungsgrad bedeutet allerdings nicht, dass bis zum Szenarioende 2030 alle heute vorhandenen Potenzialflächen bebaut sind. Nach 2030 sind in allen Szenariovarianten und Raumkategorien immer noch mehr als 50 % der heute vorhandenen Potenziale ungenutzt (siehe Abbildung 2).

Der Bedarf an Bruttowohnbauland in der Außenentwicklung differiert zum einen zwischen den Szenarien, zum anderen zwischen den Raumstrukturtypen. In der Summe beläuft sich der Außenentwicklungsbedarf in der Region bis zum Jahr 2030 auf insgesamt 617 Hektar (Basisszenario). Davon entfallen auf die Stadt Freiburg i.Br. 16 Hektar, den Verdichtungsraum inklusive Randzone 196 Hektar und auf den ländlichen Raum 405 Hektar. Der hohe Bedarf an Außenentwicklung im ländlichen Raum ist unter anderem mit der angenommenen geringen Nutzung der Innenentwicklungspotenziale und vergleichsweise flächenintensiveren Bauformen zu begründen. Entsprechend wird deutlich, dass im ländlichen Raum große Potenziale für eine nachhaltige Siedlungs- und eine aktive Innenentwicklung bestehen.

3. Wirtschaftlichkeit der Siedlungsentwicklung

Die verschiedenen Szenarien zur Siedlungsentwicklung in der Region Freiburg unterscheiden sich nicht nur hinsichtlich der damit verbundenen Flächeninanspruchnahme, sondern auch hinsichtlich der Wirtschaftlichkeit der Baulandbereitstellung. Als Grundlage für diese Untersuchung wurden in den Projektkommunen detailliert Daten zu den investiven Aufwendungen sowie zu den direkten und indirekten Folgelasten erhoben. Es wurde nach den Gebietstypen „Neubaugebiet Grüne Wiese“, „Ortsrandbebauung“, „Arrondierung“, „Nachverdichtung“ (auf Baulücken, geringfügig genutzten Flächen, etc.) und „Brache“ differenziert. Die begleitenden Rückmeldungen zu dieser und zu anderen Erhebungen verdeutlichen, dass die vorhandenen und generierbaren Informationen zur Wirtschaftlichkeit von Wohnbaugebieten in den Gemeinden recht lückenhaft sind.

Die nach Wohnbaugebietstypen differenzierte Analyse der Investitionskosten (ohne Grunderwerb und Folgeeinrichtungen) ergab ein differenziertes Bild: Die Investitionskosten je m² Nettowohnbauland liegen bei der Entwicklung von Brachen mit Abstand über denen der anderen Gebietstypen, die sich nur unwesentlich unterscheiden. Die Zielgröße kommunaler Politik und Planung ist jedoch die bei Siedlungsprojekten realisierbare Zahl der Wohneinheiten sowie die anzusiedelnden Einwohner. Die erhobenen Daten zeigen, dass die Investitionskosten je Wohneinheit und je Einwohner der untersuchten Brachen sich aufgrund der dort vergleichsweise hohen städtebaulichen Dichte denen der anderen

Gebietstypen annäherten. Nicht durch Fördermittel abgedeckte Aufwendungen für den Umgang mit Altlasten führen im Allgemeinen zur Erhöhung des Grundstückspreises. Die untersuchten Nachverdichtungsprojekte zeigen die günstigsten Investitionskosten je Wohneinheit und Einwohner. Größere Neubaugebiete schneiden aufgrund einer qualifizierten Dichte und einer offensichtlich sorgfältigen und kostenbewussten Planung ebenfalls vergleichsweise kostengünstig ab, ebenso Arrondierungsprojekte. Als auffallend kostenintensiv stellen sich kleinere Neubaugebiete am Ortsrand heraus. Hier kumulieren offensichtlich geringe Dichte, nicht integrierte Lage sowie ein überdurchschnittlicher Aufwand an technischer Infrastruktur.

Die Auswertung der Gestehungsausgaben nach der Gemeindegröße zeigte folgenden Zusammenhang: Mit der Gemeindegröße steigen die Gestehungsaufwendungen je m² Bauland deutlich an. Die Gestehungsaufwendungen je Wohneinheit dagegen sinken mit steigender Gemeindegröße, während die Aufwen-

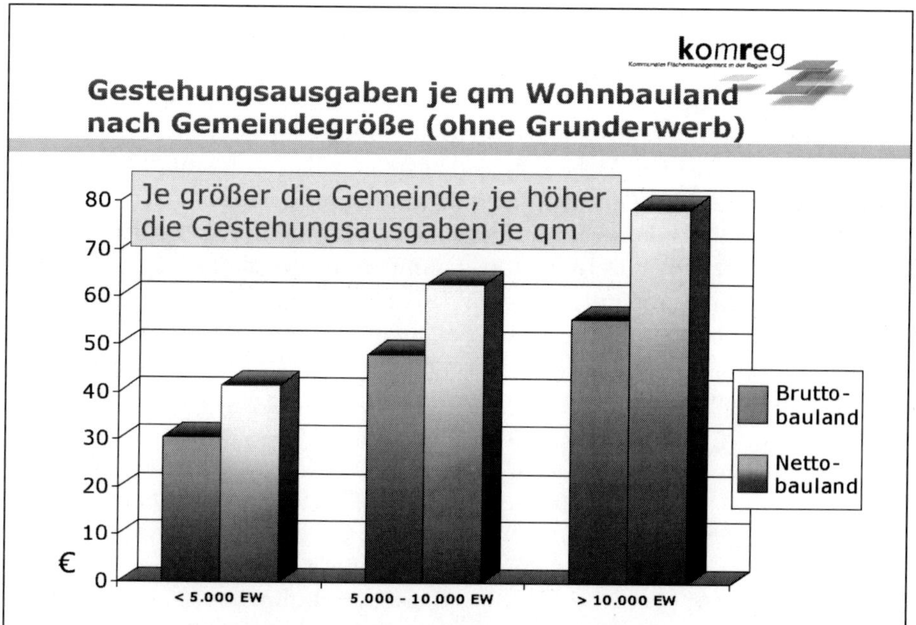

Abbildung 3: Gestehungsausgaben je Quadtratmeter Wohnbauland nach Gemeindegröße (ohne Grunderwerb)
Quelle: REFINA-Verbundvorhaben komreg (2008).

dungen je Einwohner nicht mit der Gemeindegröße korrelieren. Hier zeigen sich Kostenvorteile einer höheren städtebaulichen Dichte (siehe Abbildung 3).
Der Berechnung der Kosten der Baulandbereitstellung in den Szenarien liegt die Annahme zugrunde, dass Baulücken, Althofstellen und geringfügig genutzte Flächen im Innenbereich in der Regel ausreichend erschlossen sind. Der nicht refinanzierbare Aufwand der Gemeinden für Eigentümer- und Bauherrenberatung wurde je Wohneinheit mit 500,- Euro sowie gegebenenfalls anfallende Verfahrenkosten mit 260,- Euro sehr großzügig kalkuliert, um den bestehenden erhöhten Aktivierungsaufwand für Innenentwicklungspotenziale abbilden zu können. Grunderwerbskosten wurden in die Berechnungen nicht integriert. Stattdessen wurden mit einer Regressionsrechnung die zu einer Kostendeckung erforderlichen Abschöpfungsbeträge planungsbedingter Bodenwertsteigerungen ermittelt.

Die Wirtschaftlichkeitsberechnungen zu den Szenarien bestätigten die Faustregel: Bei der Außenentwicklung führt eine Verdoppelung der städtebaulichen Dichte in etwa zu einer Halbierung der Kosten der Baulandbereitstellung. Bei Projekten der Innenentwicklung ist dieser Zusammenhang von Dichte und Kosten bei Nutzungen vorhandener Erschließungen nicht eindeutig belegbar, da hier die Rahmenbedingungen in der Regel sehr unterschiedlich sind.

Die im Effizienzszenario unterstellte stärkere Aktivierung von Innenentwicklungspotenzialen schlägt sich auch in den finanziellen Aufwendungen nieder: Trotz eines gegenüber dem Basisszenario und dem pessimistischen Szenario quantitativ deutlich höheren Wohnungsneubaus liegen die Kosten der Baulandbereitstellung im Effizienzszenario insgesamt am niedrigsten.

Die von den Kommunen zu tragenden Kostenanteile an den in den Szenarien dargestellten Entwicklungen ergaben bei einer angenommenen Kostentragung gemäß Kommunalabgabengesetz Baden-Württemberg und unter Berücksichtigung der hiervon nicht gedeckten weiteren kommunalen Aufwendungen einen Anteil von ca. 40 % bis knapp über 60 %. Es wird oft argumentiert, dass bei einer kommunalen Baulandbereitstellung die bei der Gemeinde anfallenden Aufwendungen durch die Abschöpfung planungsbedingter Bodenwertsteigerungen abgedeckt werden könnten. Bei einer isolierten Investitionskostenbetrachtung der inneren Erschließung ist diese Kostendeckung tatsächlich in vielen Fällen erreichbar. Werden aber, wie in den Szenarioberechnungen unterlegt, die darüber hinaus anfallenden Aufwendungen der Gemeinden für die Baulandbereitstellung im Szenariozeitraum in die Berechnungen einbezogen, müssen für eine Kostendeckung erhebliche Abschöpfungsbeträge generiert werden. Je nach Szenario müssten hierzu je m² verkauften Baulandes im ländlichen Raum zwischen rund 60 und 70 Euro, im Verdichtungsraum zwischen rund 80 und 130 Euro sowie in der Stadt Freiburg i.Br. mehr als 140 Euro abgeschöpft werden. Dies würde im regionalen Durchschnitt einen Abschöpfungsbetrag von mehr als 20.000 Euro je Wohneinheit in der Außenentwicklung bedeuten. Die im ländlichen Raum vergleichsweise geringeren Abschöpfungsbeträge je m^2 Bauland resultieren aus den dort verbreiteten größeren Baugrundstücken, bei denen der höhere zur Kostendeckung erforderliche Abschöpfungsbetrag auf eine größere Fläche verteilt werden kann.

Was kostet nun die Baulandbereitstellung für eine Wohneinheit in der Innenentwicklung im Vergleich zu einer Wohneinheit in der Außenentwicklung? Die Innenentwicklung stellt sich auch unter Berücksichtigung der oben genannten nicht refinanzierbaren besonderen kommunalen Aufwendungen zur Aktivierung von Bestandspotenzialen insbesondere wegen der Möglichkeit, bereits vorhandene Infrastrukturen zu nutzen, als deutlich kostengünstiger dar. In den

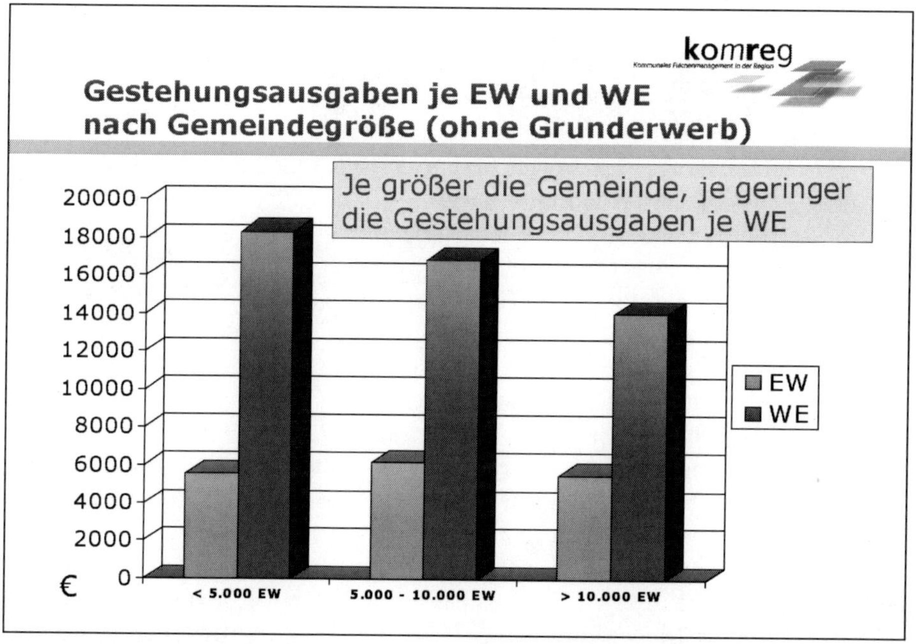

Abbildung 4: Gestehungsausgaben je Einwohner und Wohneinheit nach Gemeindegröße (ohne Grunderwerb)
Quelle: REFINA-Verbundvorhaben komreg (2008).

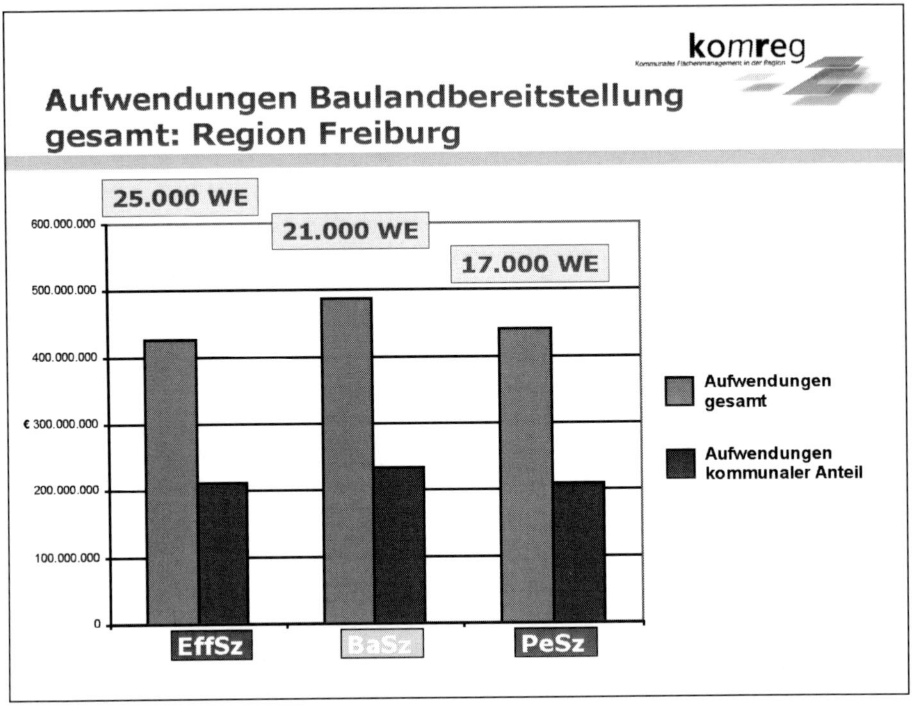

Abbildung 5: Aufwendungen Baulandbereitstellung gesamt: Region Freiburg
Quelle: REFINA-Verbundvorhaben komreg (2008).

Szenarien stehen gut 1.000 Euro öffentliche Aufwendungen je Wohneinheit in der Innenentwicklung (Innenentwicklungspotenziale ohne Neuordnungsbedarf) rund 25.000 bis 47.000 Euro je Wohneinheit in der Außenentwicklung gegenüber. Das heißt, dass die Kosten der Siedlungsentwicklung für Gemeinden mit der Zahl realisierter Wohneinheiten in der Außenentwicklung steigen. Unter Kostengesichtspunkten kommt damit einer qualifizierten städtebaulichen Dichte bei Projekten der Außenentwicklung eine besondere Bedeutung zu.

Viele Gemeinden verfolgen Baulandentwicklungsmodelle, bei denen sie sich mittels städtebaulicher Verträge von einem großen Teil der unmittelbar und mittelbar mit der Baulandbereitstellung verbundenen investiven Aufwendungen freistellen. Dieser Entlastung der Gemeinden auf der einen steht eine entsprechende höhere Belastung der privaten Grundstückserwerber auf der anderen Seite gegenüber. Die wahren Finanziers der Außenentwicklung sind in jedem Falle private Haushalte: Als Steuern oder Beiträge Zahlende, die eine

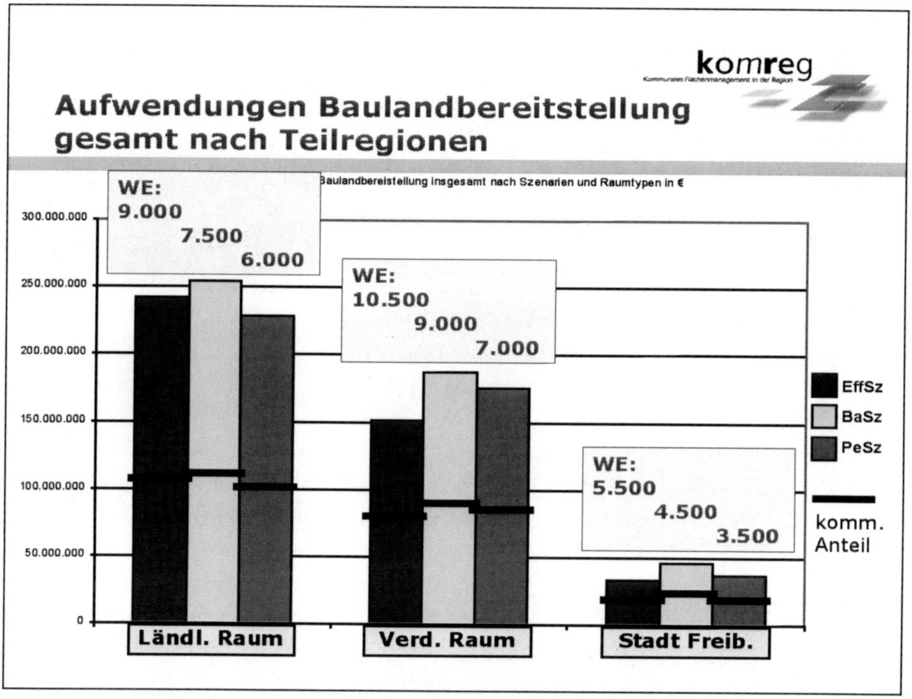

Abbildung 6: Aufwendungen (in Euro) Baulandbereitstellung gesamt nach Regionen
Quelle: REFINA-Verbundvorhaben komreg (2008).

Art ungewollten Solidarbeitrag für die Außenentwicklung beisteuern, oder als Grundstückskäufer, die in oft nicht integrierten Lagen neben erhöhten Mobilitätsaufwendungen zusätzlich die auf sie abgewälzten Lasten einer kostspieligen Außenentwicklung tragen müssen (siehe Abbildung 5 und Abbildung 6).

4. Regionale Dialog- und Kooperationsstrukturen zur Kommunikation und Umsetzung der Projektergebnisse

Die Zusammenarbeit der elf Projektkommunen basierte auf Freiwilligkeit. Sie erklärten sich auf Initiative der Stadt Freiburg i.Br. zu Jahresbeginn 2006 bereit, gemeinsam das Thema des kommunalen Flächenmanagements im Rahmen des Forschungsprojektes anzugehen. Für eine interkommunale Zusammenarbeit sprach im Sinne ihrer Zukunftsverantwortung, einen Schwerpunkt des siedlungspolitischen Handelns auf die Innenentwicklung zu legen. Darüber hinaus waren die fachliche Begleitung durch die Verbundpartner, die Erstellung eines Baulandkatasters und nicht zuletzt der inhaltliche Austausch mit anderen Kommunen wesentliche Argumente, am Projekt mitzuwirken. Die Planungsakteure der regionalen Ebene, d. h. die Landratsämter der Landkreise Emmendingen und Breisgau-Hochschwarzwald, das Regierungspräsidium Freiburg, der Regionalverband Südlicher Oberrhein und die Region Freiburg, wurden außerdem intensiv in das Projekt eingebunden.

Die Kommunikations- und Arbeitsweise innerhalb des Projektes zeichnete sich durch ein hohes Maß an Transparenz, Sachlichkeit und gegenseitigem Vertrauen aus. Die Projektkommunen wurden mehrfach besucht, um Zwischenergebnisse vorzustellen oder Inhalte abzustimmen. Zum Auftakt bzw. Abschluss einzelner Arbeitsphasen diskutierten die Projektakteure in Workshops die Arbeitsergebnisse und ergänzten sie mit ihren Kenntnissen und Erfahrungen aus der täglichen Praxis.

Im Herbst 2007 startete der Dialog mit Kommunalvertretern aller 75 Städte und Gemeinden der Region Freiburg, die seitdem regelmäßig zu Workshops und Veranstaltungen eingeladen wurden. Eine Vielzahl von Bürgermeistern und Vertretern der Fachverwaltungen nahm die Gelegenheit wahr, die Diskussion über eine nachhaltige regionale Siedlungsentwicklung konstruktiv zu führen. Immer wieder wurde von den Beteiligten der Wunsch geäußert, den durch komreg initiierten Austausch in der Region zu verstetigen. Dahinter steht die Absicht, mittel- bis langfristig wirksam zur Sicherung bzw. Schaffung qualitätvoller, nachhaltiger Siedlungsstrukturen in der Region Freiburg beizutragen. Mit dem Beschluss der Mitgliederversammlung der Region Freiburg vom 28.5.2008, den regionalen Dialog zum Flächenmanagement auf freiwilliger Basis fortzuführen, ist ein Fundament hierfür gelegt.

Die entstandenen bzw. gefestigten Kooperations- und Dialogstrukturen zwischen den Projektkommunen, den Städten und Gemeinden der Region Freiburg sowie den kommunalen und flächenrelevanten Entscheidern der Region Freiburg sind ein wertvolles Projektergebnis. Zwischen den Projektkommunen ist eine Zusammenarbeit „auf einer Augenhöhe“ unabhängig von der Gemeindegröße entstanden, die es ermöglicht, Synergien zu nutzen und Schwierigkeiten zu thematisieren. Die große Resonanz aus der gesamten Region Freiburg zeigt, dass die Themen Flächenmanagement und Innenentwicklung am siedlungspolitischen Alltag der Kommunen ansetzen. Entsprechend stießen die ebenfalls im Rahmen von komreg erarbeiteten Aktivierungsstrategien für innerörtliche Baulandpotenziale auf großes Interesse vor Ort.

5. Handlungsansätze für die regionale Zusammenarbeit

Die Notwendigkeit, beim siedlungspolitischen Handeln sparsam mit Flächen umzugehen, hört nicht an Stadt- und Gemeindegrenzen auf. Vielmehr kann durch ein interkommunales und regionales Zusammenwirken beim Flächenmanagement die Wirksamkeit der Aktivitäten und Bemühungen der einzelnen Kommunen erheblich gesteigert werden. Die gesamte Region profitiert hiervon mit qualitätvollen Siedlungskörpern auf der einen und attraktiven Kulturlandschaften auf der anderen Seite. Um die regionale Zusammenarbeit im Flächenmanagement in der Region Freiburg zu verstetigen und auszubauen, werden drei Handlungsansätze benannt.

Die bestehenden Dialog- und Kooperationsstrukturen zum Flächenmanagement in der Region Freiburg sind mit dem Ziel, die regionale Siedlungsentwicklung an der Prämisse eines sparsamen Flächenverbrauchs zu orientieren, auszubauen. Besonderes Augenmerk ist weiterhin auf die Förderung des Bewusstseinswandels für die Notwendigkeit eines haushälterischen Umgangs mit Flächen zu legen. Dabei ist die Zusammenführung bisher nicht kooperierender Akteure anzustreben.

Um eine nachhaltige Siedlungsentwicklung bei Erhalt kommunaler Gestaltungsmöglichkeiten über ein regionales Flächenmanagement wirksam zu fördern, sind konkrete Umsetzungsinstrumente zu entwickeln und zu erproben. Diese sollen die qualitative und quantitative Steuerung der Siedlungsentwicklung in der Region unterstützen und den bereits begonnenen Bewusstseinswandel zum haushälterischen Umgang mit Flächen in der Praxis vertiefen. Der Aufbau einer gemeindeübergreifenden Wohnbaulandbörse zur Vermarktung bisher nicht systematisch am Markt präsenter Innenentwicklungspotenziale kann hier ein möglicher erster, sinnvoller Schritt sein.

Die Weiterentwicklung und die Implementierung von qualitativen und methodischen Standards zur Anwendung bei der Bauleitplanung werden als entscheidender Schritt bewertet, eine flächensparende Siedlungs- und aktive Innenentwicklung in der Region zu fördern. Gelingt es zum Beispiel, gemeinsam Indikatoren für qualitätvolles Bauland zu benennen und in der Bauleitplanung der Region anzuwenden, so kann ein konkreter Beitrag zur Reduzierung der Flächeninanspruchnahme geleistet werden. Ebenso unterstützt eine gemeinsam getragene Methode zur Berücksichtigung der in den Kommunen vorhandenen Innenentwicklungspotenziale flächensparende Entwicklungen im Rahmen der Bauleitplanung.

Die Handlungsansätze verstehen sich als Anknüpfungspunkte für die siedlungspolitischen Akteure in der Region Freiburg. Zunächst ist von ihnen zu bestimmen, welche kurz- und mittelfristigen Meilensteine von einem regionalen Flächenmanagement anzustreben sind. Außerdem ist zu gewährleisten, dass das in einzelnen Kommunen bereits praktizierte Flächenmanagement in optimaler Weise in das regionale Agieren eingepasst wird.

Wohnen, Arbeit und Freizeit im Dorf – Planungsrechtliche Steuerung der Nutzungsmischung als Beitrag zur Revitalisierung von Dörfern

*Wolfgang Becker**

I. Zur heutigen Problematik ländlich geprägter Siedlungen

In der Vergangenheit wurden die Dörfer maßgeblich von der haupt- oder nebenberuflich betriebenen Landwirtschaft, aber auch von handwerklicher Tätigkeit geprägt. Dies ist heute noch in zahlreichen ländlich geprägten Ortschaften an den Baustrukturen und Ortsgrundrissen gut ablesbar. Die Siedlungen bildeten für die überwiegende Mehrzahl der Bewohner sowohl Wohn- als auch Arbeitsort; auch die knapp bemessene Freizeit wurde häufig hier oder in der unmittelbaren Umgebung der Siedlung verbracht.

Mit dem Beginn der Industrialisierung und der verbesserten Mobilität durch den Ausbau des schienengebundenen Verkehrs sowie der Einführung des Automobils setzte ein erster Wandel ein. Vielfach wurden Arbeitsstätten außerhalb des Wohnortes aufgesucht, die nun dank der neuen Verkehrsmittel erreichbar waren. Die Einheit von Wohn- und Arbeitsort begann sich vielerorts aufzulösen.

Nach dem zweiten Weltkrieg wurde zunächst die Landwirtschaft unverändert intensiv haupt- und nebenberuflich weiter betrieben. Es entstanden jedoch zunehmend neue Arbeitsmöglichkeiten, im Saarland vor allem in der Montanindustrie.

---

* Dipl.-Ing. Wolfgang Becker ist Leiter des Fachgebietes Bauleit- und Stadtplanung der Stadtverwaltung Achern.

Die Siedlungsentwicklung in den ländlich geprägten Gemeinden wurde zunehmend durch die Ausweisung neuer Wohngebiete an den Ortsrändern geprägt, welche teilweise die historisch gewachsenen Ortsgrundrisse stark veränderten und zu einer erheblichen Flächenausdehnung der Siedlungskörper führten. Die ehemals große Bedeutung von Gebäuden für die landwirtschaftliche Nutzung (Ställe, Scheunen etc.) ging langsam aber spürbar zurück.

Ab dem Anfang der 70er Jahre begann mit der Einführung des Sanierungsrechts die Ausweisung von Sanierungsgebieten auch in den Ortskernen ländlich geprägter Siedlungen. Häufig wurden „störende" Handwerks- und Gewerbebetriebe, aber auch landwirtschaftliche Betriebe, die bisher prägend für die Ortsstruktur waren, aus den Ortskernen ausgelagert. Damit verbunden war eine zunehmende Dominanz der Wohnfunktion in den Ortschaften.

Seit einigen Jahren kommen zu diesen beschriebenen Problemen die vor allem auch im Saarland immer deutlicher spürbaren Auswirkungen des demografischen Wandels hinzu. Die Bevölkerung überaltert, die Zahl der Kinder nimmt stetig ab. Dies führt dazu, dass vielerorts Kindergärten und Schulen geschlossen werden müssen. Die kommunalen Ver- und Entsorgungssysteme sind nicht mehr ausreichend ausgelastet. Geschäfte schließen, weil nicht mehr genügend Kundschaft am Ort wohnt. Eine ausreichende Versorgung mit Gütern des täglichen Bedarfs ist in zahlreichen Dörfern nicht mehr gegeben.

Die Zahl der leerstehenden Gebäude, vor allem in den Ortskernen, nimmt zu. Hinzu kommt eine steigende Zahl an Gebäuden, die nur noch von ein oder zwei Personen bewohnt werden, welche bereits über 70 Jahre alt sind. Es ist schon jetzt erkennbar, dass ein Teil diese Wohnhäuser in absehbarer Zeit dem Immobilienmarkt zur Verfügung stehen, weil kein direkter Nachnutzer vorhanden ist.

Über längere Zeit leerstehende Gebäude wirken sich negativ auf das unmittelbare Umfeld aus, was auf Dauer zu einer erheblich geminderten Attraktivität des Quartiers führt.

Die Sozialstruktur in den Ortschaften ist einem erheblichen Wandel unterworfen. Den örtlichen Vereinen fehlt es häufig an Nachwuchs. Neu in den Ort Zugezogene zeigen häufig wenig Neigung, sich in den örtlichen Vereinen zu engagieren. Die Dörfer sind heute in erster Linie Wohnort, ihre Bedeutung für die Funktionen Arbeit und Freizeit haben sie in vielen Fällen verloren.

Die geschilderten Problemlagen bedürfen dringend einer Minderung oder Lösung, um die zahlreichen Siedlungen im ländlich geprägten Raum auch weiterhin als Wohn-, Arbeits- und Lebensort attraktiv zu halten.

Potenziale hierzu sind vermehrt in der zunehmenden Zahl leerstehender Gebäude gegeben. Allerdings ist es auf der Grundlage der bestehenden planungsrechtlichen Rahmenbedingungen unter Umständen sehr schwierig, eine Revitalisierung leerstehender Bausubstanz zu erreichen.

Eine Vielzahl von Ortskernbereichen in ländlich geprägten Siedlungen ist dem unbeplanten Innenbereich zuzurechnen. Damit beurteilt sich die Zulässigkeit von Vorhaben in diesen Bereichen nach den Vorschriften des § 34 BauGB „Zulässigkeit von Vorhaben innerhalb der im Zusammenhang bebauten Ortsteile". Gemäß § 34 Abs.1 BauGB sind Vorhaben innerhalb der im Zusammenhang bebauten Ortslage dann zulässig, wenn sie sich „... nach Art und Maß der baulichen Nutzung, der Bauweise und der Grundstücksfläche, die überbaut werden soll, in die Eigenart der näheren Umgebung ..." einfügen.

§ 34 Abs.2 BauGB bestimmt: „Entspricht die Eigenart der näheren Umgebung einem der Baugebiete, die in der auf Grund des § 9a erlassenen Verordnung bezeichnet sind, beurteilt sich die Zulässigkeit des Vorhabens nach seiner Art allein danach, ob es nach der Verordnung in dem Baugebiet allgemein zulässig wäre; ...".

Da sich, wie oben beschrieben, (ehemals) ländlich geprägte Siedlungen häufig zu mehr oder weniger reinen Wohnorten entwickelt haben, ist die „nähere Umgebung" auch in den Ortskernen auf Grund der heutigen Gegebenheiten oftmals als Allgemeines Wohngebiet gemäß § 4 BauNVO (in manchen Fällen auch als Reines Wohngebiet gemäß § 3 BauNVO) einzustufen. Dies macht es auf der Grundlage der gegebenen rechtlichen Rahmenbedingungen nahezu unmöglich, z. B. eine leerstehende Scheune zur Unterbringung eines landwirtschaftlichen Nebenerwerbsbetriebes oder z. B. auch für Pensionspferdehaltung nutzbar zu machen. Solche Nutzungen sind in einem Allgemeinen oder Reinen Wohngebiet gemäß der Baunutzungsverordnung nicht zulässig. Auch die Wiederansiedlung von Handwerks- oder Gewerbebetrieben stößt deshalb auf große Schwierigkeiten. Somit ist es in unbeplanten Innenbereichen äußerst schwierig, die ehemals gegebene Funktionenvielfalt im Ort wiederzubeleben.

II. Modellprojekt „Wohnen, Arbeiten und Freizeit im Dorf"

In Kenntnis der beschriebenen Problemlage wurde im Saarland im Rahmen des „Modellvorhabens zur Eindämmung des Landschaftsverbrauches durch innerörtliche Entwicklung (MELANIE)" mit Förderung durch das Ministerium für Umwelt des Saarlandes im Jahr 2006 das Modellprojekt „Wohnen, Arbeiten und Freizeit im Dorf" durchgeführt. Im Rahmen dieses Modellprojektes wurde durch die Planungsbüros ARGUS concept GmbH, Saarbrücken, und KERN Plan,

Illingen, zunächst eine Machbarkeitsstudie am Beispiel der Modelldörfer Berschweiler (Gemeinde Marpingen), Mosberg-Rischweiler (Gemeinde Nohfelden) und der Orte im Bohnental (Gemeinden Tholey und Schmelz) erarbeitet. Dabei sollte zunächst insbesondere geklärt werden, inwieweit die untersuchten Dörfer für eine „Wiederbelebung“ einer Funktionenmischung geeignet sind.

Hierbei waren insbesondere fünf Fragestellungen von Interesse:

- Wie ist der ursprüngliche Charakter des Ortes, welche Nutzungen waren früher im Ortskern vorhanden
- Wie ist der heutige Bestand, welche Potenziale bietet der Ortskern heute
- Für welche Nutzungen eignet sich der Ort
- Für welche Nutzungen gibt es Bedarf oder kann Bedarf geweckt werden
- Welche Möglichkeiten der rechtlichen Umsetzung bestehen
- Wie beurteilen die Bewohner des Ortes die Situation

Aufbauend auf den Ergebnissen dieser Untersuchungen wurden für Teile der Gemeindebezirke Nohfelden/Mosbach-Rischweiler (KERN-PLAN) und Marpingen/Berschweiler (ARGUS concept GmbH) Bebauungspläne erarbeitet mit dem Ziel, die planungsrechtlichen Rahmenbedingungen dafür zu schaffen, dass die derzeit in den mit den Bebauungsplänen überplanten Bereichen noch vorhandene Nutzungsmischung erhalten und nach Möglichkeit zukünftig auch ausgebaut werden kann.

Nachfolgend sollen anhand des Bebauungsplans „Ortsmitte Berschweiler“ einige Probleme erörtert werden, die sich im Zusammenhang mit der Aufstellung dieses Bebauungsplanes im Hinblick auf die oben genannten Zielsetzungen ergeben haben.

III. Marpingen – Berschweiler

Zunächst einige Angaben zum Gemeindebezirk Berschweiler, die als Rahmenbedingungen für die Aufstellung der städtebaulichen Zielsetzungen und des Bebauungsplanes zu beachten waren:

Die Gemeinde Marpingen weist insgesamt ca. 12.000 Einwohner auf und liegt in der Mitte des Saarlandes im Landkreis St. Wendel. Im Süden grenzt Marpingen an Eppelborn-Dirmingen, im Norden an Tholey-Sotzweiler.

Berschweiler stellt mit seinen derzeit ca. 1.200 Einwohnern und einer Gemarkungsgröße von etwa 7 km^2 den kleinsten Gemeindebezirk der Gemeinde

Marpingen dar. Der Gemeindebezirk ist in eine hügelige Landschaft mit Höhenunterscheiden von bis zu 120 m eingebettet. Für die Siedlungsentwicklung mitbestimmend ist der Verlauf des Alsbaches, der unmittelbar südöstlich entlang des Ortskernes verläuft und mit seinen Auebereichen in der Vergangenheit eine natürliche Begrenzung der Siedlungsentwicklung bildete.

Gemäß dem Landesentwicklungsplan – Teilabschnitt „Siedlung“ (LEP Siedlung) des Saarlandes ist das gesamte Gemeindegebiet von Marpingen in den Strukturraum des „ländlichen Raumes“ eingeordnet. Der Gemeindehauptort besitzt im Zentrale-Orte-System die Funktion eines Grundzentrums. Die Deckung des höherwertigen, periodischen Bedarfes erfolgt überwiegend im Mittelzentrum St. Wendel. Das Gemeindegebiet ist im LEP Siedlung als „nicht achsengebunden“ eingestuft. Gleichwohl ist über die L.I.O. 133 die BAB 1 Saarbrücken-Trier sehr schnell zu erreichen. Die B 269 bietet zudem auch eine gute Anbindung zur Gemeinde Tholey und zur Kreisstadt St. Wendel. Der LEP Siedlung legt für den Gemeindebezirk Berschweiler einen Wohnungsbaubedarf von 1,5 Wohneinheiten pro 1.000 Einwohner und Jahr fest.

Im Landesentwicklungsplan – Teilabschnitt „Umwelt“ (LEP Umwelt) sind für Berschweiler folgende Festlegungen getroffen:

Als „Vorranggebiet für den Naturschutz“ ist das Naturschutzgebiet „Täler der Ill und ihrer Nebenbäche“ ausgewiesen. Hierzu zählt auch der den Ortskern nach Südosten hin begrenzende Alsbach sowie ein kleineres Nebengewässer, das von Nordwesten her kommend durch den Ortskern dem Alsbach zufließt.

Nordwestlich sowie südöstlich der bebauten Ortslage sind ausgedehnte „Vorranggebiete für die Landwirtschaft“ festgelegt.

Im Nordwesten der Ortslage von Berschweiler besteht ein „Vorranggebiet für Windenergie“, in dem bereits drei Anlagen zur Nutzung der Windenergie errichtet wurden.

Entlang des Alsbaches wurde ein „Vorranggebiet für den Hochwasserschutz“ festgelegt, das im Jahr 2002 durch das Ministerium für Umwelt des Saarlandes als Überschwemmungsgebiet festgesetzt wurde.

Der wirksame Flächennutzungsplan stellt für große Teile der bebauten Ortslage von Berschweiler Wohnbaufläche dar. Im Bereich der Hauptdurchgangsstraße durch den Ort (der „Dirminger Straße“) sowie der Straßen „Im Engstereck“, „Im Oberdorf“ und „Auf Weißmauer“ sind im Flächennutzungsplan gemischte Bauflächen dargestellt.

Im Jahr 2003 wurde für den Gemeindebezirk ein Dorfentwicklungskonzept erstellt, das als wesentliche Zielaussagen unter anderem den Erhalt des charakteristischen Ortsbildes, die Schaffung einer öffentlich nutzbaren Freifläche in der Ortsmitte als zentraler Kommunikations- und Aufenthaltsbereich sowie die Belebung des Ortskernes durch Erhalt und Ausbau der vorhandenen Nutzungsmischung in der Ortsmitte definiert.

Das Ortsbild des Gemeindebezirkes Berschweiler ist geprägt durch einen hohen Anteil historischer, zum größeren Teil ehemals landwirtschaftlich genutzter Bausubstanz sowie durch ein denkmalgeschütztes Ensemble landwirtschaftlicher Anwesen an der Straße „Im Mitteldorf". Im Ortszentrum von Berschweiler dominiert heute die Wohnfunktion, es sind aber auch noch einige Dienstleistungs- und Handwerksbetriebe, sowie zwei landwirtschaftliche Nebenerwerbsbetriebe und Gastronomie in der Ortsmitte vorhanden. Eine Versorgung mit Gütern des täglichen Bedarfes ist heute in Berschweiler nicht mehr möglich; die medizinische Versorgung ist deutlich verbesserungswürdig. Eine Schule besteht am Ort nicht mehr, für Senioren sind keinerlei Einrichtungen vorhanden. Eine öffentlich nutzbare Freifläche als möglichst zentral gelegener Aufenthalts- und Kommunikationsbereich fehlt.

Zum Zeitpunkt der Bebauungsplanaufstellung gab es lediglich zwei leerstehende Wohn- bzw. Geschäftsgebäude in der Ortsmitte. Allerdings bestanden zahlreiche untergenutzte oder leerstehende, ehemals für Zwecke der Landwirtschaft benötigte Bauwerke. Hinzu kommen im Gemeindebezirk insgesamt etwa 150 Gebäude, die nur noch von einer oder zwei Personen bewohnt werden, die bereits über 70 Jahre alt sind. Die überwiegende Mehrzahl dieser Gebäude befindet sich in der Ortsmitte von Berschweiler. In der relativ dicht bebauten zentralen Ortslage bestehen nur wenige Baulücken.

IV. Bebauungsplan „Ortsmitte Berschweiler"

Aus der obigen Auflistung der im Ort vorhandenen Gegebenheiten ergibt sich, dass die Ortsmitte von Berschweiler grundsätzlich ein hohes Potenzial für eine Erhaltung und weitere Stärkung der heute noch wenigstens in Teilbereichen vorhandenen Nutzungsvielfalt bietet. Aus diesem Grund wurde Berschweiler als ein Beispielort ausgewählt, um über die Aufstellung eines qualifizierten Bebauungsplanes die entsprechenden planungsrechtlichen Voraussetzungen zu schaffen.

Der räumliche Geltungsbereich des Bebauungsplans „Ortsmitte Berschweiler" deckt eine Fläche von ca. 7,8 ha ab und umfasst weite Teile der bereits bebauten Ortskernlage von Berschweiler, wie der nachstehend wiedergegebene Lageplanausschnitt (Originalmaßstab 1 : 1.000, unmaßstäblich verkleinert) zeigt.

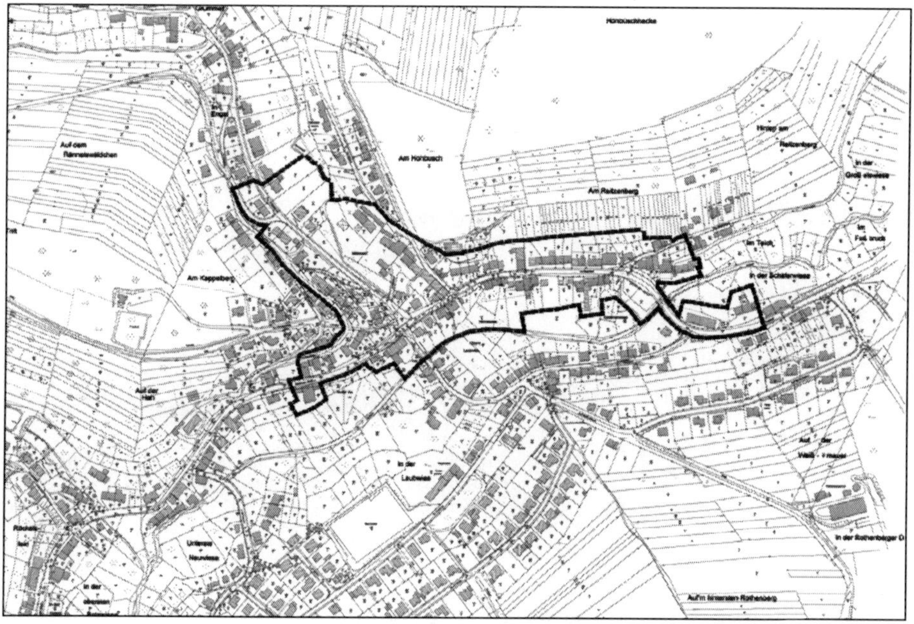

Abb. 1

Da mit dem Bebauungsplan nur innerhalb des im Zusammenhang bebauten Ortsteiles liegende Bereiche überplant werden sollten, lag es nahe zu prüfen, ob der Bebauungsplan als „Bebauungsplan der Innenentwicklung" gemäß § 13a BauGB unter Anwendung des „beschleunigten Verfahrens" aufgestellt werden kann. Die auf Grund des Umfanges der mit dem Bebauungsplan ermöglichten Grundfläche erforderliche Prüfung des Einzelfalles hat ergeben, dass alle Voraussetzungen für die Anwendung des „beschleunigten Verfahrens" gegeben waren. Daher hat der Gemeinderat Marpingen die Aufstellung des Bebauungsplanes „Ortsmitte Marpingen" im „beschleunigten Verfahren" beschlossen.

Im Hinblick auf das angestrebte Ziel der Sicherung und des Ausbaus der innerörtlichen Nutzungsvielfalt sind insbesondere die Festsetzungen bezüglich der Art und des Maßes der baulichen Nutzung sowie der überbaubaren Flächen von Bedeutung.

Das Maß der baulichen Nutzung wird im räumlichen Geltungsbereich des Bebauungsplanes „Ortsmitte Berschweiler" bestimmt durch die Festsetzung von Grund- und Geschossflächenzahl (GRZ bzw. GFZ) sowie der zulässigen Zahl der Vollgeschosse (Z). Die getroffenen Festsetzungen orientieren sich dabei an der bereits vorhandenen Gebäudestruktur, die auf jeden Fall im Bestand gesichert wird. Nach Möglichkeit wurden die Werte für GRZ, GFZ und Z so festgelegt, dass auch eine maßvolle Erweiterung der vorhandenen Bausubstanz möglich ist, ohne dass durch die denkbaren Baumaßnahmen die gegebene örtliche Struktur zerstört wird. Da die bestehenden Gebäude insbesondere in Bezug auf ihre Höhenentwicklung teilweise deutliche Unterschiede aufweisen, waren entsprechend differenzierte Festsetzungen erforderlich.

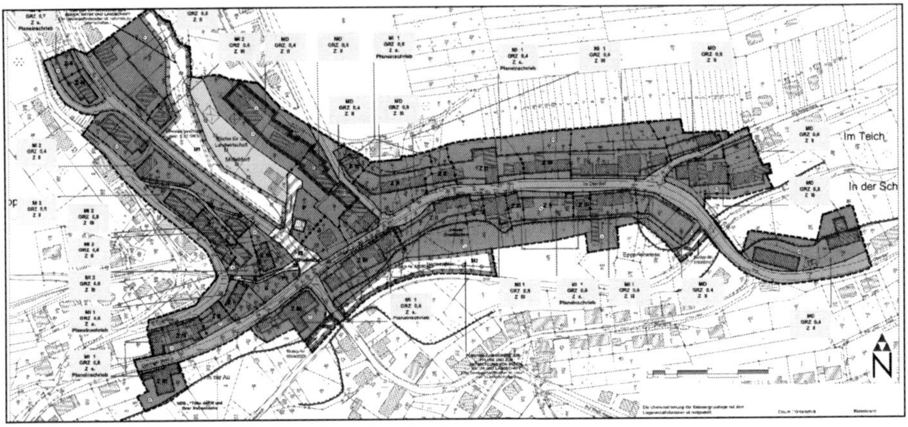

Abb. 2 Planzeichnung des Bebauungsplans „Ortsmitte Berschweiler“ (Originalmaßstab 1 : 1.000, unmaßstäblich verkleinert)

Die überbaubaren Flächen wurden durch die Festlegung von Baugrenzen bestimmt. Für die Festsetzung von Baulinien beseht innerhalb des räumlichen Geltungsbereiches des Bebauungsplans – bis auf eine Ausnahme – keine planerische Notwendigkeit. Die Ausnahme betrifft ein ortsbildprägendes Gebäude unmittelbar südlich der neu geplanten öffentlichen Grünfläche/Ortsmitte. Dieses Gebäude bildet hier eine im örtlichen Gefüge wichtige bauliche Raumkante, die erhalten werden soll.

Auch die überbaubaren Flächen wurden so abgegrenzt, dass eine maßvolle Erweiterung des Baubestandes ermöglicht wird.

Die im Geltungsbereich des Bebauungsplanes bestehenden Gebäude sind teils in offener, teils in geschlossener Bauweise errichtet. Die eigentlich gemäß den landesrechtlichen Vorschriften einzuhaltenden Grenzabstände werden bereits im Bestand häufig unterschritten. Diese Vielfalt macht es praktisch unmöglich, die in der BauNVO definierte offene oder geschlossene Bauweise für Teile des Plangebietes festzusetzen. Bei den im Planbereich gegebenen, teilweise sehr kleinteiligen Grundstückszuschnitten und baulichen Strukturen ist eine sinnvolle bauliche Ergänzung des Bestandes in vielen Fällen nur dann möglich, wenn der Zwang zur Einhaltung der eigentlich notwendigen Grenzabstände wegfällt. Daher wurde in den Textfestsetzungen des Bebauungsplanes eine abweichende Bauweise definiert, die es gestattet, dass Gebäude sowohl unter Einhaltung als auch mit Unterschreitung der erforderlichen Grenzabstände errichtet werden dürfen. Eine ein- oder beidseitige Grenzbebauung ist ebenfalls zugelassen.

Die Bestimmung der Art der baulichen Nutzung stellt im beschriebenen Fallbeispiel ein im Grundsatz relativ leicht zu lösendes Problem dar, da innerhalb des räumlichen Geltungsbereiches des Bebauungsplanes auch heute noch, neben der klar dominierenden Wohnfunktion, in einem gewissen Umfang Gastronomie, Handwerks- und Dienstleistungsbetriebe sowie ein landwirtschaftlicher Nebenerwerbsbetrieb existieren. Auf Grund dieser Gegebenheiten entsprechen weite Teile des Plangebietes einem Mischgebiet gemäß § 6 BauNVO. Mit Ausnahme zweier kleinerer Bereiche, auf die nachfolgend gesondert eingegangen wird, wurde daher als Art der baulichen Nutzung im räumlichen Geltungsbereich des Bebauungsplans „Mischgebiet" nach § 6 BauNVO festgesetzt.

Hinsichtlich der im Mischgebiet zulässigen Nutzungen wurde dabei dass Mischgebiet in zwei Bereiche untergliedert. Wegen der beengten Straßenraumverhältnisse und erheblichen Geländeneigungen und der dadurch bedingten Schwierigkeiten in Bezug auf die Erschließung sind kleinere Bereiche im Nordwesten des überplanten Areals als Standorte für Gewerbebetriebe und Tankstellen ungeeignet. Daher wurden diese Nutzungen in dem genannten Teil des Plangebietes ausgeschlossen.

Im gesamten räumlichen Geltungsbereich des Bebauungsplanes wurden Vergnügungsstätten (§ 6 Abs.3 BauNVO) als zulässige Nutzung ausgeschlossen.

Mit der Festsetzung eines Mischgebietes sind innerhalb des Plangebietes vom Grundsatz her sehr gute Voraussetzungen für die Erhaltung und den Ausbau der erwünschten Nutzungsvielfalt geschaffen. Allerdings ergibt sich für landwirtschaftliche Nutzungen bzw. Betriebe das Problem, dass diese innerhalb eines festgelegten Mischgebietes kaum untergebracht werden können. Eines der mit der Aufstellung des Bebauungsplanes verfolgten Ziele war jedoch ausdrücklich, den in der Ortsmitte vorhandenen landwirtschaftlichen Nebenerwerbsbetrieb, der nachhaltig betrieben wird, in seinem Bestand planungsrechtlich abzusichern und darüber hinaus auch nach Möglichkeit die Voraussetzungen zu schaffen, dass weitere landwirtschaftliche Betriebe/Nutzungen in der Ortsmitte von Berschweiler angesiedelt werden können. Dies ist nur über die Festsetzung eines Dorfgebietes zu erreichen.

Wie bereits erwähnt, ist die bauliche Struktur des Ortes noch in erheblichem Umfang durch ehemals landwirtschaftlich genutzte Gebäude geprägt. Zum Teil wurden diese Bauwerke nach Aufgabe der ursprünglichen Nutzung für andere Funktionen (insbesondere Wohnen) umgenutzt, zum Teil stehen diese Gebäude aber auch leer. Damit ist in der Baustruktur ein gewisses Potenzial für die Wiederansiedlung von landwirtschaftlichen Betrieben bzw. von mit der Landwirtschaft in Verbindung stehenden Nutzungen wie beispielsweise Pferdehaltung gegeben.

Innerhalb des Plangebietes befinden sich zwei Bereiche, die wegen der Häufung (ehemals) landwirtschaftlich genutzter Gebäude auffallen. Zum einen handelt es sich dabei um die westliche Randbebauung der Straße „Am Höhbüsch". Hier besteht ein Ensemble von insgesamt vier Anwesen, die in ihrer ursprünglichen Struktur noch weitgehend unverändert erhalten sind und insgesamt als Ensemble unter Denkmalschutz gestellt wurden. In einem dieser Anwesen ist ein landwirtschaftlicher Nebenerwerbsbetrieb untergebracht. Bei den drei anderen stehen die ehemaligen Wirtschaftsteile (Scheunen, Stallungen) weitgehend leer oder werden nur zum Abstellen von Fahrzeugen genutzt. Dieses Gebäudeen-

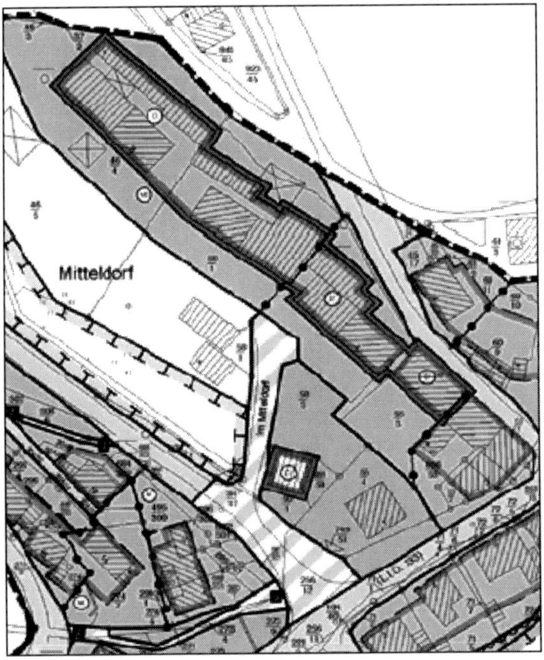

Abb. 3 Bebauungsplan „Ortsmitte Berschweiler", Planzeichnungsausschnitt

semble wurde wegen der heute noch ausgeübten landwirtschaftlichen Nutzung und dem Potenzial für die Aufnahme weiterer Nutzungen dieser Art als Dorfgebiet gemäß § 5 BauNVO festgesetzt.

Die unmittelbar südwestlich an dieses Gebäudeensemble angrenzenden Grün- und Freiflächen verbessern zusätzlich die Eignung der Gebäude für landwirtschaftliche Nutzungen. Die Erschließung der vier Anwesen erfolgte bis jetzt öffentlich-rechtlich gesichert nur von Nordosten her über die Straße „Am Höhbüsch“. Von Süden her bestand bisher nur die Möglichkeit der Nutzung eines Privatgrundstückes als Zuwegung. Um diese Situation zu verbessern und die Erschließung zumindest von zweien der vier in Rede stehenden Anwesen zu verbessern, wurde im Bebauungsplan eine öffentliche Verkehrsfläche festgesetzt. Da diese Verkehrsfläche auch einen Bestandteil der neu zu schaffenden öffentlich nutzbaren Ortsmitte (hierauf wird noch näher eingegangen) darstellt und entsprechend nicht nur als reine Erschließungsstraße ausgestaltet werden soll, erfolgte im Bebauungsplan die Festsetzung als Verkehrsfläche besonderer Zweckbestimmung.

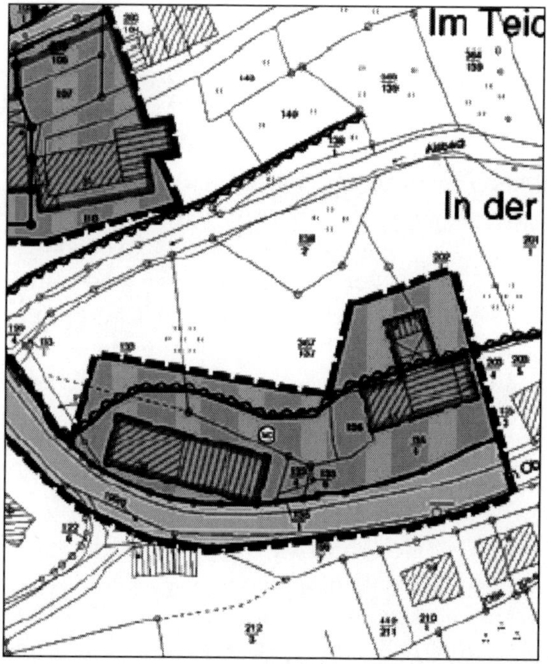

Abb. 4 Bebauungsplan „Ortsmitte Berschweiler“, Planzeichnungsausschnitt

Der zweite durch ehemals landwirtschaftlich genutzte Gebäude geprägte Bereich befindet sich am Ostrand des Plangebietes.

Hier stehen zwei Gebäudekomplexe, die ehemals landwirtschaftliche Betriebe beherbergten, unmittelbar an der Hauptdurchgangsstraße des Ortes. In Verbindung mit den unmittelbar daran angrenzenden Grünflächen ist auch hier ein gutes Potenzial zur Wiedernutzung für landwirtschaftliche Zwecke gegeben. Daher wurde auch dieser Teil des Plangebietes als „Dorfgebiet" festgesetzt. Diese Festsetzung ist allerdings nicht ganz unproblematisch. Zum einen ist dieses Areal flächenmäßig relativ klein und umfasst nur die genannten zwei Anwesen. Zum anderen befindet sich in unmittelbarer räumlicher Nähe südlich davon ein Wohngebiet, so dass sich Nachbarschaftskonflikte wegen für landwirtschaftliche Nutzungen typische Emissionen ergeben könnten. Daher könnten Zweifel an der Bestandskraft dieser Festsetzung geäußert werden.

Dennoch hat sich die Gemeinde dafür entschieden, im Sinne der erläuterten Planungsziele an der Festsetzung des Dorfgebietes als Art der baulichen Nutzung in diesem Bereich festzuhalten.

Bei der Beschreibung der örtlichen Gegebenheiten wurde bereits erwähnt, dass in der Ortsmitte von Berschweiler keine öffentlich nutzbare Freifläche vorhanden ist, die als Aufenthalts- und Kommunikationsbereich dient. Dies stellt einen erheblichen funktionalen Mangel im Ortsgefüge dar, den die Gemeinde beheben möchte. Auch das im Jahr 2003 erstellte Dorfentwicklungskonzept für Berschweiler stellt diesen Mangel fest und formuliert als ein bedeutsames Planungsziel die Schaffung einer der Öffentlichkeit zugänglichen Freifläche in der Ortsmitte.

Die einzige hierfür prinzipiell geeignete Fläche liegt unmittelbar südlich des an der Straße „Am Höhbüsch" befindlichen, denkmalgeschützten Gebäudeensembles. Hier besteht ein weiteres denkmalgeschütztes Gebäude (ehemalige Mühle) mit einer kleinen, dem Gebäude zugeordneten Grünfläche. Diese Grünfläche soll nach Südosten bis zur Dirminger Straße (L.I.O.133) ausgeweitet sowie die südwestlich und nordwestlich angrenzenden Verkehrsflächen gestalterisch in die neu vorgesehene „öffentliche Ortsmitte" mit eingebunden werden.

Entsprechend dieser planerischen Zielsetzung ist in der Planzeichnung eine öffentliche Grünfläche festgesetzt. Diese Festsetzung ist in Bezug auf ihre Umsetzbarkeit in mehrfacher Hinsicht mit Problemen behaftet. Einerseits befindet sich das Areal noch in Privateigentum. Andererseits steht auf der Fläche noch ein eingeschossiges, zum Zeitpunkt der Planerstellung noch gewerblich genutztes Gebäude. Dieses Gebäude hat Bestandsschutz. Falls die aktuell ausgeübte Nutzung aufgegeben werden sollte, kann innerhalb eines gewissen Zeitraumes eine vergleichbare Nachnutzung erfolgen. Allerdings erlischt der Bestandsschutz, wenn der Zeitpunkt des Beginns der vorgesehenen Nachnutzung zu lange nach Aufgabe der Vornutzung liegt, weil die Nachnutzung dann den Festsetzungen des Bebauungsplanes widerspricht. Insofern stellt die Festsetzung der öffentlichen Grünfläche im Bebauungsplan „Ortsmitte Berschweiler" einen erheblichen Eingriff in das Privateigentum dar.

Die Festsetzung der öffentlichen Grünfläche war bei der Planerstellung umstritten, da deren Umsetzung in einem absehbaren Zeitraum nicht sichergestellt erschien. Daher könnten auch Zweifel an der Bestandskraft dieser Festsetzung angemeldet werden. Die Gemeinde hat sich trotzdem dafür entschieden, diese Festsetzung in den Bebauungsplan aufzunehmen, da es keine andere Fläche innerhalb der bebauten Ortslage gibt, die auf Grund ihrer zentralen Lage sowie der umgebenden publikumsintensiven Nutzungen (z. B. Kirche) eine auch nur annähernd gleiche Eignung für den angestrebten Nutzungszweck bietet.

Hinzu kommt, dass der noch bestehende gewerblich genutzte Baukörper in Bezug auf seine architektonische Ausprägung und Kubatur das Ortsbild empfindlich stört. Mit dem Abbruch des Gebäudes könnte dieser Mangel beseitigt und gleichzeitig auch eine schöne Blickbeziehung von der Dirminger Straße aus auf die hinterliegenden, das Ortsbild positiv prägenden denkmalgeschützten Gebäude eröffnet werden. Die Gemeinde ist bereit, das Anwesen zu einem angemessenen Preis von den jetzigen Eigentümern zu erwerben und steht in entsprechenden Kaufverhandlungen mit den Eigentümern.

V. Fazit

Ohne die Schaffung eines geeigneten planungsrechtlichen Rahmens durch die Aufstellung von Bebauungsplänen ist es sehr schwierig, die Voraussetzungen für eine Wiederherstellung der ehemals in ländlich geprägten Siedlungen vorhandenen Nutzungsvielfalt zu bieten.

Die Aufstellung des Bebauungsplans „Ortsmitte Berschweiler" war im Sinne der eingangs beschriebenen Zielsetzungen wegen der im Ort vorhandenen günstigen Voraussetzungen vergleichsweise unproblematisch. Dennoch zeigt dieser Planungsfall einige grundlegende Schwierigkeiten auf, die einer Revitalisierung von Dörfern entgegenstehen. Hierzu zählen insbesondere:

- Der Ort muss auf Grund seiner heutigen Gegebenheiten (z. B. Baustruktur) grundsätzlich Potenzial für eine Wiederherstellung der Nutzungsvielfalt bieten. Eine sorgfältige, zielgerichtete und umfassende Bestandsaufnahme der örtlichen Situation ist als Grundlage für die Planung unverzichtbar.

- Geeignete Baugebietsarten (Dorfgebiet, Mischgebiet) können nur dann festgesetzt werden, wenn die örtlichen Verhältnisse dies erlauben. Die Festsetzung beispielsweise eines Mischgebietes für einen Bereich, der auf Grund seiner bestehenden Struktur den Charakter eines Allgemeinen Wohngebietes aufweist, ist nicht haltbar. Daher ist es aus der Sicht des Referenten auf der Grundlage der geltenden planungsrechtlichen Gesetzgebung kaum möglich, in Ortschaften, die sich zu mehr oder weniger reinen Wohnstandorten entwickelt haben, über die Aufstellung von Bebauungsplänen die Voraussetzung zur Wiederherstellung der ursprünglichen Nutzungsvielfalt zu schaffen.
- Speziell auch im Hinblick auf die wünschenswerte Ermöglichung landwirtschaftlicher Nutzungen (z. B. Pferdehaltung) sind möglicherweise entstehende Nachbarschaftskonflikte mit der vorhandenen Wohnnutzung sorgfältig zu beachten und abzuwägen.
- Der Realisierung gemeindlicher Planungsabsichten stehen häufig die Interessen privater Grundstückseigentümer gegenüber. Die Bestandskraft von Festsetzungen in Bebauungsplänen hängt maßgeblich auch von der Realisierbarkeit der Planungsziele in einem absehbaren Zeitraum ab. Eine frühzeitige umfassende Information der Bürger und deren Einbindung in den Planungsprozess erhöht deren Mitwirkungsbereitschaft und generell die Akzeptanz der Planung.
- Aus der Sicht des Referenten sollte die planende Gemeinde im Zweifelsfall das Risiko eingehen, im Sinne der Erreichung gemeindlicher Planungsziele auch Festsetzungen in den Bebauungsplan aufzunehmen, an deren Bestandskraft Zweifel geäußert werden könnten (beispielsweise im Hinblick auf die Umsetzbarkeit innerhalb eines absehbaren Zeitraums). Dies ist immer noch besser, als nicht zu planen und keinen Versuch zu unternehmen, die zukünftige Entwicklung der betroffenen Siedlung positiv zu beeinflussen.

Mobilisierung von Baulücken- und Leerstandspotenzialen – Instrumente zum Umgang mit Wohngebäudeleerstand – Von der Erfassung bis zur Reaktivierung eines Quartiers

*Hugo Kern**

* Dipl.-Ing. Hugo Kern ist Geschäftsführer von Kernplan; Gesellschaft für Städtebau und Kommunikation mbH in Illingen.

Thesen und Fazit:

- Der demografische Wandel bedingt insbesondere im ländlichen Raum eine hohe Anzahl von leerstehenden Wohngebäuden
- Gerade die potenziellen Leerstände (jüngster Bewohner eines Gebäudes ist älter als 70 Jahre) stellen eine große Herausforderung dar – in einigen Kommunen ist hiervon jedes 6. Wohngebäude betroffen
- Eine systematische Erfassung und Analyse ist Grundlage für ein „erfolgreiches" Leerstandsmanagement
- Neben der ungünstigen räumlichen Verteilung von Leerständen und potenziellen Leerständen treten viele weitere Probleme auf
- Leerstandsbewältigung wird damit zunehmend zur kommunalen Aufgabe
- Leerstandsmanagement ist zeit- und kostenaufwendig, aber auch (in Einzelfällen) erfolgreich
- Noch gibt es keine erfolgversprechende Gesamtstrategie
- Erste Ansätze verfolgt das „Melanie-Projekt" des Saarländischen Umweltministeriums

I. Demografischer Wandel – Bevölkerungsrückgang als Ursache für Wohngebäudeleerstand, dargestellt am Beispiel der Gemeinde Illingen

Der demografische Wandel hat das Saarland bereits seit längerer Zeit erreicht. Schon seit Beginn der 1970er Jahre weist die natürliche Bevölkerungsentwicklung einen negativen Saldo auf. Bis ins Jahr 2004 konnte der Negativtrend durch eine fast ausnahmslos positive Zuwanderungsrate zwar nicht ausgeglichen, wenigstens jedoch abgefangen werden. Seit 2004 verschärft jedoch der negative Wanderungssaldo die seit 1996 bereits negative Gesamtbevölkerungsentwicklung zusehends. Kurzum: das Saarland leidet insgesamt unter einer negativen Bevölkerungsentwicklung, eine Umkehr davon ist nicht in Sicht.

Innerhalb des Saarlandes zeigen sich deutliche Disparitäten im Wanderungsverhalten. Während vor allem Kommunen im Landkreis Merzig-Wadern durch die Grenzlage zu Luxemburg von Zuzügen profitieren, leiden die sonstigen Landkreise sowie der Regionalverband teilweise unter ganz gravierenden Fortzugsraten.

Das Saarland verzeichnet aktuell eine Einwohnerzahl von ca. 1.03 Mio. Menschen. Die vom Statistischen Landesamt des Saarlandes im Jahr 2004 herausgegebene „Bevölkerungsprognose für das Saarland 2003 bis 2050 – 10. koordinierte und regionalisierte Bevölkerungsprognose" zeigt unmissverständlich den langfristigen Trend einer Verringerung der Einwohnerzahlen auf. Je nach Berechnungsvariante schwankt die Bevölkerungszahl im Jahr 2030 zwischen 925.900 und 996.500 Einwohnern.

Nach der 11. koordinierten Bevölkerungsprognose von 2007 wird sich die Einwohnerzahl bis 2030 auf 916.000 verringern und damit noch stärker zurückgehen, als 2004 prognostiziert.

Auch auf Landkreisebene wird der Rückgang der Bevölkerungszahlen deutlich, wobei insbesondere der Landkreis Neunkirchen mit einem Verlust von 19 % seiner Einwohner bis 2030 rechnen muss (Basis 2004).

Die hier dargestellte Kommune Illingen spiegelt den aktuellen und prognostizierten Trend für den Landkreis Neunkirchen wider: zwischen 1993 und Ende 2006 verzeichnete die Illtal-Gemeinde einen Verlust von über 1.000 Einwohnern, bis Ende 2008 sogar einen Verlust von 1600 Einwohnern. Bis ins Jahr 2030 muss in Illingen mit einer weiteren Abnahme von bis zu 2.500 Einwohnern gerechnet werden (analog Landkreisprognose).

1. Auswirkungen des demografischen Wandels im ländlichen Raum

In den Kommunen wird der demografische Wandel unmittelbar und unausweichlich erlebt. Im Saarland sehen sich speziell die ländlichen Gemeinden vor enorme Handlungserfordernisse gestellt.

Der bereits eingetretene Bevölkerungsrückgang rückt kommunalpolitische und gesellschaftsrelevante Themenfelder wie

- Verminderte Steuereinnahmen für die Kommunen,
- Rückgang der gesamtwirtschaftlichen Nachfrage, Kaufkraftverlust,
- Verminderter Auslastungsgrad der Ver- und Entsorgungsinfrastruktur,
- Unzureichendes Versorgungsangebot mit Gütern des täglichen Bedarfs,
- Erschwerte Vorhaltung eines angemessenen Angebotes an sozialer Infrastruktur oder
- Rückgang des Angebotes an öffentlicher Infrastruktur
- in den Mittelpunkt der gesellschaftlichen Diskussion.
- Ein wesentliches, weil sichtbares Problem des demografischen Wandels werden leerstehende Wohngebäude sein:

2. Leerstände als Folge des demografischen Wandels

Aktuell stehen in den saarländischen Gemeinden zwischen 0,8 und 3 % des vorhandenen Gebäudebestandes leer (Untersuchungen Kernplan in 15 saarländischen Gemeinden). Diese noch relativ geringen Leerstandszahlen sind wohl nur z. T. auf demografische Entwicklungen zurückzuführen, wobei in Gemeinden, die bereits seit Jahren Einwohner verlieren, die Zahl der Leerstände höher ist.

a. Rückgang des Wohnraumbedarfs

Ein weiterer für die Kommunalentwicklung ganz zentraler Aspekt betrifft konkret den Rückgang der Wohnungsnachfrage. Aufgrund der sinkenden Bevölkerungszahl im ganzen Land in Verbindung mit der nicht mehr entscheidend ansteigenden Pro-Kopf-Wohnfläche sind leer stehende Wohngebäude das Resultat dieser Entwicklungen, wie das Beispiel der Modellgemeinde Illingen zeigt:

Der Rückgang der Einwohnerzahlen zwischen 1993 und 2008 um ca. 1.700 Einwohner hat bereits ein Überangebot von aktuell rechnerisch ca. 500 Wohngebäuden bewirkt.

Ein weiterer Rückgang der Einwohnerzahl zwischen 2006 und 2030 um knapp 17 % lässt – die heute gültigen Zahlen der Gebäudebelegung und der Pro-Kopf-Wohnfläche vorausgesetzt – auch die Nachfrage nach Wohnraum um rechnerisch 17 % sinken.

Bei 2,1 Personen pro Wohnung und 3,1 Personen pro Wohngebäude bewirkt das insgesamt ein Überangebot von rechnerisch ca. 1.300 Wohngebäuden. Dieser Überschuss an Wohngebäuden stellt sich innerhalb einer einzigen Generation ein.

Durch eine geringfügig geringere Belegungsdichte, eine größere Wohnfläche je Person und einen starken Preisverfall der Immobilien wird die tatsächliche Anzahl an Leerständen etwas geringer ausfallen, wobei bereits heute die Anzahl der Ein- und Zweipersonenhaushalte bei nahezu 86 % liegt.

b. Potenzielle Leerstände

Wichtiger als die Frage der aktuellen tatsächlichen Leerstände ist die Frage der potenziellen Leerstände. Hierunter fallen alle Wohngebäude, in denen alle Bewohner 70 Jahre und älter sind. Diese Gebäude werden in den nächsten 10 bis 20 Jahren (statistisch) leer stehen bzw. auf den Wohnungsmarkt kommen.

Sind alle Bewohner eines Gebäudes 70 und älter, dann wohnen keine Nachkommen/Nachmieter im Haus, die das Gebäude übernehmen können. Der Anteil von Erben, die in diese Gebäude zurückkommen, wird als sehr gering eingeschätzt.

Diese Gebäude weisen oft, gerade in den alten Ortskernen, einen erhöhten Sanierungs- bzw. Renovierungsstau auf.

Daneben spielt die Nachfrage eine bedeutende Rolle. Der demografische Wandel wird in den kommenden Jahren die Einwohnerzahl massiv zurückgehen lassen, damit gibt es kaum Bedarf für die Neubelegung überzähliger Wohngebäude.

In der Gemeinde Illingen beträgt der Anteil der potenziellen Leerstände am Gesamtbestand der Wohngebäude aktuell ca. 10 %, d. h. in ca. 600 Wohngebäuden sind aktuell alle Bewohner 70 Jahre und älter.

Folglich muss in der Gemeinde Illingen in den nächsten Jahren mit einem Überhang von 600 bis 1.300 Wohngebäuden gerechnet werden.

In den von Kernplan untersuchten Gemeinden des Saarlandes liegt der Wert der potenziellen Leerstände zwischen 9 und 16 % des aktuellen Wohngebäudebestandes.

3. Leerstände und ihre Folgen für die Gemeindeentwicklung und die privaten Eigentümer

Mit der weiter abnehmenden Bevölkerungsentwicklung nimmt auch die Nachfrage nach Wohnraum ab – die Schere zwischen dem Angebot an Wohngebäuden und der Nachfrage triftet weiter auseinander und verschärft die Problematik in den kommenden Jahren zusehends.

Leerstand hat vielfältige Auswirkungen:
- Imageproblem für Gemeinden, Ortsbild wird verschandelt
- Infrastruktur ist nicht länger ausgelastet
- Leerstand wirkt ansteckend
- Überangebot bewirkt fallende Immobilienpreise
- Altersvorsorge durch Immobilien nicht mehr gesichert.

– *Imageproblem für die Gemeinde:*

Leerstände werden als Makel für eine Gemeinde angesehen. Kommunen mit vielen Leerständen werden mit diesen direkt in Verbindung gebracht, ein negatives Image entsteht. Neuansiedlungen in der Gemeinde bleiben häufig aus, da nur wenige in eine absteigende Kommune ziehen und investieren wollen.

Das Ortsbild als einer der wichtigsten Indikatoren einer Gemeinde ist bei einer Standortentscheidung oftmals entscheidender als sonstige harte Standortfaktoren.

– *Infrastruktur ist nicht mehr länger ausgelastet:*
Die in den Wachstumsperioden während der 60er und 70er Jahre ausgebaute Infrastruktur leidet unter den unzureichend genutzten Ver- und Entsorgungsnetzen. Dem Brauchwasser mangelt es an notwendiger Bewegung, wodurch sich der Fäulnisprozess beschleunigt; das Schmutzwasser verfügt nicht mehr über ausreichend Wasservolumen zum Transport der anfallenden Schmutzfrachten, Zusatzspülungen mit Brauchwasser werden notwendig, etc. Die teilweise 30 oder 40 Jahre alten Leitungen, Kanäle und Trassen müssen von immer weniger angeschlossenen Haushalten getragen werden, zuzüglich der Wartungs- und Renovierungskosten.

– *Leerstand wirkt ansteckend:*
Stehen innerhalb eines Straßenzuges einmal mehrere nebeneinander liegende Gebäude lange Zeit leer und veröden, sinkt das Interesse auch an weiteren Ansiedlungen im Umfeld – ganze Ortsteilbereiche drohen dann zu verfallen. Der Leerstand als Auswirkung des demografischen Wandels wird zum Indikator der Lebensqualität in einer Kommune – Abriss wird zu einem gesamtgesellschaftlichen Thema.

– *Fallende Immobilienpreise:*
Der Immobilienmarkt wird manchenorts überschwemmt werden mit leer stehenden Wohngebäuden. Die Untersuchungen zeigen, dass die Entwicklung längst auch die Neubaugebiete der 60er, 70er Jahre eingeholt hat. In der Folge fallen die Immobilienpreise am Markt rapide in den Keller, im Nordsaarland in der jüngsten Vergangenheit bereits um 15 % im Jahr. Verschärfend wirkt sich zudem die aktuelle Immobilienkrise aus.

– *Immobilie keine Absicherung mehr im Alter:*
Die Bevölkerung überaltert massiv, d. h. einige werden ihren Lebensabend in Alteneinrichtungen verbringen und das eigene Wohnhaus verkaufen wollen. Durch die fehlende Nachfrage werden viele Gebäude keine Abnehmer finden. Die Rechnung, die Immobilie als Altersvorsorge zu verwenden, wird in vielen Fällen nicht mehr aufgehen.

– *Eigentümer sind nicht mehr auffindbar, negativer Grundstückswert:*
Bereits heute ist erkennbar, dass viele langjährige Leerstände von ihren Eigentümern „aufgegeben“ wurden. Eigentümer sind nicht mehr auffindbar, Objekte

weisen einen negativen Grundstückswert auf (Abriss ist teurer als der verbleibende Grundstückswert).

– *Zwischenfazit:*
Der Überschuss an Wohngebäuden betrifft nicht mehr länger nur den einzelnen Eigentümer. Durch Ballung von Leerständen wird das Ortsbild ganzer Gemeindebereiche verschandelt. In der Folge stellt sich oftmals ein Teufelskreis ein: das Umfeld leidet unter der Leerstandsproblematik – Folgeansiedlungen bleiben aus – erhebliche Funktionsverluste sind in diesen Bereichen die Konsequenz – das Quartier verödet weiter – weitere Bewohner ziehen weg etc.

Eine zentrale Aufgabe der Kommunen wird deshalb zukünftig sein, leer stehende, nicht mehr genutzte Wohngebäude im Innenbereich abzureißen um auf den freiwerdenden Flächen Platz zu schaffen – für Neubauten, Grünflächen, Stellplätze, andere Nutzungen. Dieser Prozess muss von der Gemeinde offensiv gesteuert werden. Wenn Kommunen es verpassen, gegen ihre Leerstandsproblematik frühzeitig aktiv zu werden, dann werden sie im Wettbewerb der Kommunen um Bürger und Wirtschaftskraft mittelfristig nur eine Nebenrolle einnehmen.

II. Erste Strategien der Leerstandsbewältigung in „Nichtprogrammgebieten“

Kommunen stehen bei der Leerstandsbewältigung erst am Anfang einer großen Herausforderung. Bis vor wenigen Jahren war „Leerstandsbewältigung“ ausschließlich private Angelegenheit. Erst durch die Vielzahl der zu erwartenden Leerstände wird deutlich, dass hier eine neue Dimension kommunaler Aufgaben heranwächst:

Mögliche Instrumente sind erst in Ansätzen erprobt, bis heute ist kein genereller Lösungsweg absehbar:

- Leerstandsmanagement
- Nutzung von Innenentwicklungspotenzialen
- Reaktivierung eines Quartiers, Bürgerbeteiligung
- Förderinstrumente (z. B. Wiedernutzungsprämien)
- Kommunaler Abriss – kommunale Abrissförderung
- Öffentlichkeitsarbeit
- Zwangsmaßnahmen

1. Melanie: Modellprojekt des Saarlandes zur Eindämmung des Landschafts-verbrauchs durch innerörtliche Entwicklung

Mit den Modellvorhaben „MELanIE gegen Leerstand" hat das Ministerium für Umwelt des Saarlandes (MfU) ein Modellvorhaben gestartet, um die Kommunen auf den Umgang mit Wohngebäudeleerstand vorzubereiten. In Kooperation mit der Gemeinde Illingen sind dazu bereits vier aufeinander aufbauende Modellprojekte durchgeführt worden:

a. Leerstandsmanagement

Das Modellprojekt Melanie 1 beschäftigt sich mit der Erfassung der tatsächlichen sowie der potenziellen Wohngebäudeleerstände.

Grundlage eines Leerstandsmanagements ist immer die Erfassung der Leerstände und der potenziellen Leerstände in Tabellen und in Karten (räumliche Verteilung).

Ergebnis: Aufgrund der Pflicht zum Datenschutz ist eine hohe Sensibilität erforderlich. Um eine seriöse Grundlage der Leerstandserfassung zu gewährleisten, sind hohe Anforderungen an die Verlässlichkeit der Beurteilungskriterien zum Vorliegen eines Leerstandes gestellt. Es zeigt sich eine relativ niedrige tatsächliche Leerstandsquote von unter 3 %, dafür eine beachtliche Anzahl an potenziellen Leerständen – das stellt die Kommunen langfristig vor massive Probleme.

Ein Leerstandsmanagement wird eingeführt, ein Ansprechpartner in der Gemeinde wird zum Leerstandsmanager. Umfangreiche Öffentlichkeitsarbeit ist notwendig, um in der Bevölkerung das Bewusstsein für Leerstand zu schärfen und die Betroffenheit darzulegen. Als Vermarktungshilfe für veräußerungsbereite Eigentümer bietet die Gemeinde eine internetbasierte kommunale Leerstandsbörse an, die Übernahme einer Maklerfunktion durch die Kommune verbietet sich jedoch.

b. Neue Strategien der Siedlungsentwicklung (Nutzung von Innenentwicklungs-potenzialen)

Melanie 2 stellt erste Möglichkeiten und Chancen im Umgang mit Leerstand dar. Ob Rückbau ganzer Siedlungsteile, gezielte Innenentwicklung zur Auslastung der vorhandenen Infrastruktur oder Bauen in 2. Reihe: die Gemeindeentwicklung kann mit den vorhandenen Instrumenten auf die eintretende Entwicklung reagieren.

Vorgehensweise: Die ermittelten Leerstände wurden auf räumliche Zusammenhänge hin untersucht. Es konnten Bereiche aufgezeigt werden, wo durch Abriss eines Leerstandes rückwärtige Freiflächen erschlossen werden können (Innenentwicklung, Nachverdichtung). Andere Bereiche mit einer dichten Ballung von tatsächlichen oder potenziellen Leerständen können durch Entkernung und gezielten Rückbau spürbar aufgewertet werden.

Durch Leerstände ergeben sich häufig Optionen, um innerörtliche Freiflächen zur Nachverdichtung zu erschließen. Es werden Bereiche sichtbar, in denen sich Leerstände häufen und wo ein aktives Leerstandsmanagement ansetzen sollte. In bestimmten Bereichen können durch den gezielten Rückbau (Entkernung) Freiflächen geschaffen werden, die zu einer Steigerung der Wohnumfeldqualität beitragen können. Die Leerstandserfassung verdichtet sich, in der Gemeinde werden langfristige Handlungs- aber auch Entwicklungsbereiche sichtbar.

Wichtig: eine gezielte Innenentwicklung macht nur Sinn, wenn auf weitere Neubaugebiete im Außenbereich konsequent verzichtet wird.

c. Reaktivierung eines konkret betroffenen Quartiers, Bürgerbeteiligung

In einem durch Leerstand und anhaltenden Funktionsverlust betroffenen Quartier soll eine gezielte Reaktivierung der Funktionen und Nutzungen herbeigeführt werden. Eine speziell einberufene Lenkungsgruppe aus lokalen Akteuren fungiert als Entscheidungsgremium für die Vorgehensweise. Zur Verdichtung der leerstandsrelevanten Daten werden die sozio-demografische Struktur im Quartier tiefergehend analysiert.

Das Bewusstsein in der Bevölkerung ist vorhanden, allerdings ist echte Überzeugungsarbeit bei den Eigentümern der entsprechenden Gebäude notwendig. Viele Gespräche und persönlicher Einsatz des Leerstandsmanagements stehen für den Erfolg des Projektes. Bereits kurze Zeit nach Anlauf des Projektes stellen sich erste Erfolge ein, das Projekt entwickelt schnell eine Eigendynamik.

Diese ersten Modellprojekte zeigen im Saarland bereits Wirkung: weitere Kommunen haben den gebotenen Handlungsbedarf erkannt und Gutachten zur Leerstandssituation sowie weitergehende Analysen zum demografischen Wandel in ihrer Kommune erarbeitet. Diese ersten Schritte sind für die Zukunftsfähigkeit der saarländischen Städte und Gemeinden wichtig, um gezielte und nachhaltige Konzepte für die künftige Entwicklung aufzustellen.

Mit den vorhandenen und erarbeiteten Strategien lassen sich jedoch nicht alle Probleme lösen. Aufgrund der Vielzahl der zu erwartenden Leerstände verbleibt als letzte Konsequenz letztlich auch die Durchführung von Abrissmaßnahmen.

Durch gezielten Abriss können funktional wichtige Ortsteilbereiche optisch gestützt und der Immobilienmarkt teilweise bereinigt werden. Mit dem demografischen Wandel wird der Abriss zu einem gesamtgesellschaftlichen Thema.

d. Kommunales Förderprogramm „Abriss"

Der Großteil der im BauGB normierten Instrumentarien ist auf die Steuerung von Wachstumsprozessen ausgerichtet. Diese in den vergangenen Wachstumsperioden bewährten Instrumente und Handlungsmuster sind allerdings nicht oder nur eingeschränkt zur Gestaltung des begonnenen Schrumpfungsprozesses geeignet. Die vergleichsweise neueren Instrumente wie Städtebauliche Sanierungsmaßnahmen (§ 136 ff. BauGB), Stadtumbau (§ 171a–d BauGB) oder Maßnahmen der „Sozialen Stadt" (§171e BauGB) sind grundsätzlich sehr gut auf den Einsatz gegen flächenhaften Gebäudeleerstand ausgerichtet. Im Gegensatz zu den meisten ostdeutschen Problemgebieten leidet das Saarland jedoch weniger unter flächenhaftem, sondern unter punktuellem Leerstand – Gebäudeleerstände verstreuen sich scheinbar ohne erkennbare Struktur über das gesamte Gemeindegebiet. Diese punktuellen Leerstände sind nur in seltenen Fällen mit Sanierungs- oder Stadtumbauinstrumenten einzugrenzen und zu beseitigen. Dennoch sind es vor allem Gebäudeleerstände in den Zentrallagen der Ortsteile, die die Funktionalität der Ortschaften massiv beeinträchtigen.

Den Kommunen ist es außerhalb der genannten besonderen städtebaulichen Handlungsbereiche momentan kaum möglich, auf Eigentümer von (langjährigen und städtebaulich bedeutsamen) Leerständen entsprechenden Druck zum Handeln auszuüben. Dazu entfaltet das Eigentumsrecht nach Artikel 14 GG eine zu starke Schutzwirkung. Zudem befindet sich die weitaus überwiegende Anzahl an Leerständen nicht innerhalb dieser besonderen städtebaulichen Handlungsbereiche.

Aus diesen Gründen sind neue Instrumente und Modelle zur Beseitigung der Leerstandsproblematik in den Kommunen unbedingt erforderlich.

Im Rahmen des Modellprojektes „MELanIE 4" – Kommunales Förderprogramm „Abriss" – Beseitigung abbruchreifer Wohngebäude werden in Illingen unterschiedliche Kriterien eines kommunalen Förderprogramms zum Abriss von Gebäuden untersucht und beurteilt sowie Empfehlungen für ein „optimales" Förderprogramm entwickelt.

Das Modellprojekt soll den Kommunen ein unterstützendes und weiterführendes Instrument liefern zum Umgang mit der herausfordernden Aufgabenstellung der Leerstandsbeseitigung. Für die Ortsentwicklung funktional wichtige Quartiere oder Ortsteilbereiche sollen durch gezielten Abriss eine Aufwertung erfahren, wieder lebenswert werden.

Mit Hilfe des Programms sollen keine flächenhaften, geplanten Rückbaumaßnahmen gefördert werden. Dazu sind die entsprechenden Instrumente des BauGB besser geeignet. Die Anwendung soll im Sinne von Notmaßnahmen erfolgen, wenn alle sonstigen Maßnahmen, Instrumente und weiteren Förderprogramme zur Wiedernutzung oder Beseitigung des Leerstandes gescheitert sind.

Aktuell wird das Kommunale Förderprogramm „Abriss“ in der Praxis erprobt.

– *Anforderungen an die Umsetzung im Rahmen des Förderprorammes „Abriss“*
Mit der geförderten Abrissmaßnahme wird die letzte Notmaßnahme vollzogen für Objekte, die keinen neuen Eigentümer sowie keine neue Nutzung gefunden haben und somit ungenutzt leerstehen. Sie werden früher oder später zu Schandflecken im Ortsbild, vermindern die Wohnumfeldqualität und senken die Chance auf Neuansiedlungen im Quartier. Sie wirken sich damit direkt auf die Zukunftsfähigkeit der Dörfer aus.

Die Abrissförderung entspricht damit nicht den bekannten geplanten Rückbaumaßnahmen, sondern einem punktuell einsetzbaren Anreizprogramm zur Beseitigung von einzelnen Missständen.

Der Erstellung eines kommunalen Förderprogramms zum Abriss von Gebäuden liegen folgende Annahmen zugrunde:

- Die Kommune verfügt in „Nichtprogrammgebieten“ über keinerlei Instrumente, um Wohngebäude ohne Zustimmung des Eigentümers abzureißen (mit Ausnahme von Gebäuden, die eine Gefahr für die Sicherheit darstellen).
- Ein Abriss kann nur durchgeführt werden, wenn der Eigentümer einen Abriss beantragt oder die Gemeinde selbst Eigentümer wird.
- Aufgrund der Begrenztheit der Finanzmittel muss sich die Kommune auf die wirklichen Problemfälle beschränken.
- Investitionen in den Abriss (Förderung) müssen für den Fördergeber – soweit möglich – gesichert werden.
- Es gibt grundsätzlich keinen (Rechts-)Anspruch auf Förderung im Rahmen des Programms. Die Kommune kann hierüber eigenverantwortlich entscheiden.
- Ziel des Förderprogramms ist in erster Linie die Beseitigung von gravierenden Missständen, eine effektive Marktbereinigung ist nicht möglich.

– *Förderungsberechtigung – wer kann einen Antrag auf Abriss stellen:*
Artikel 14 des Grundgesetzes setzt einen engen Rahmen für einen Eingriff ins Eigentum. Außer in Sanierungsgebieten sowie in Programmgebieten „Stadtumbau bzw. Soziale Stadt" ist ein Eingriff ins Eigentum (und damit auch ein Abriss) nahezu unmöglich.

Lediglich dann, wenn das Objekt die öffentliche Sicherheit gefährdet, kann die Kommune Sicherungsmaßnahmen verlangen, die in letzter Konsequenz zu einem Abriss des Gebäudes führen können. D. h., die Initiative zum Abriss (Antrag) muss immer vom Eigentümer ausgehen.

Das kommunale Leerstandsmanagement wird sich selbstverständlich um die identifizierten Problemobjekte intensiver kümmern und die Eigentümer (mehr oder weniger intensiv) auf das „kommunale Abrissprogramm" hinweisen.

Förderberechtigt sind generell alle Eigentümer von Leerständen nach den formulierten Kriterien, die selbst einen Antrag auf Abriss stellen. Der Antrag muss grundsätzlich vom Eigentümer selbst gestellt werden, der darüber einen entsprechenden Nachweis erbringt (Grundbuchauszug, ...).

Die Gemeinde, hier insbesondere die Stelle für Leerstandsmanagement, kann und muss die Eigentümer beratend unterstützen. Die Gemeinde überprüft, ob das Gebäude in einem Programmgebiet liegt oder unter das kommunales Förderprogramm „Abriss" fällt.

Mit der Vorgehensweise, dass nur ein Eigentümer selbst einen Antrag auf Abriss stellen kann, ist sichergestellt, dass der Eigentümer alle sonstigen Möglichkeiten zur Wiedernutzung des Objektes bereits selbst erfolglos versucht hat.

In der Praxis hat sich gezeigt, dass immer mehr Eigentümer von Wohngebäuden nicht mehr ermittelbar sind, dass viele Objekte bereits unter Zwangsverwaltung stehen oder versteigert werden müssen. In diesen Fällen ist zu prüfen, ob die Gemeinde nicht die entsprechenden Schritte zur Übernahme der Objekte einleitet und damit selbst Eigentümer wird.

Jede Bewilligung von Fördermitteln obliegt ausnahmslos dem Ermessen der Gemeinde, ein Anspruch von Eigentümern auf die Förderung der jeweiligen Abrissmaßnahme besteht nicht. Das gilt vor allem dann, wenn die in einem Jahr zur Verfügung stehenden Finanzmittel bereits vollständig abgerufen worden sind.

Denkbar ist die Koppelung der Abrissförderung an eine bestimmte Zeitdauer des Leerstandes, um die Abrissförderung vor allem auf langjährige, nicht mehr oder nur unter erheblichem Aufwand wieder vitalisierbare Leerstände anwenden zu können. Steht ein Gebäude fünf Jahre oder länger leer, dann sind die Wiedernutzungschancen als sehr gering einzuschätzen, da Bausubstanz und

Haustechnik in der Regel erhebliche Mängel aufweisen. Der Eigentümer sollte nachweisen, dass das Objekt bereits mehrere Jahre leersteht.

– *Wo kann abgerissen werden – räumlicher Bezug:*
Ein kommunales Förderprogramm zum Abriss von Gebäuden macht dann Sinn, wenn mit der Maßnahme eine qualitative Verbesserung einer entsprechenden Problemsituation in einem Gemeindeteil herbeigeführt wird. Leerstandsbedingte Problemsituationen können aus sozialen, städtebaulichen, demografischen, wirtschaftlichen oder ähnlichen Missständen heraus entstehen. Vielfach treten solche Negativentwicklungen in unmittelbarem Zusammenhang mit räumlicher Leerstandsballung auf, aber auch einzelne Leerstände können sich erheblich negativ auf ein Gebiet auswirken.

Die jeweiligen Kommunen grenzen die entsprechenden Förderbereiche ab, in denen Eigentümer kommunale Mittel zum Abriss beantragen können. Eine flächendeckende Abrissförderung aller Leerstände innerhalb einer Gemeinde ist zwar grundsätzlich möglich, allerdings dürfte die hohe Anzahl an tatsächlichen und potenziellen Leerständen die Fördermöglichkeiten der Kommunen sprengen. Daher ist eine Einschränkung des Geltungsbereiches für die Inanspruchnahme der begrenzten Fördermittel notwendig.

– *Innenbereich:*
Die förderfähigen Leerstände sollten in Kernbereichen des Ortes oder funktionalen Problembereichen liegen: Altortbereich, Ortskern, sonstiger funktionaler Problembereich, exponierte Fläche innerhalb der Gemeinde. Das entspricht auch den Anforderungen des gültigen Landesentwicklungsplanes Siedlung, der eine Konzentration städtebaulicher Entwicklungen auf die Innenortbereiche fordert.

Entsprechende Kriterien für die Abgrenzung der Förderbereiche können in Flächennutzungsplänen dargestellte gemischte Bauflächen (nach BauNVO) sein. Gemischte Bauflächen weisen oftmals die Zentren der Orte aus, die es langfristig als Lebensmittelpunkte zu stärken gilt.

Die Gemeinde Illingen erprobt aktuell das Kommunale Förderprogramm „Abriss", mit bisher erfolgversprechendem Ergebnis.

2. Sonstige Förderprogramme

Einige saarländische Gemeinden haben zur Abmilderung der Auswirkungen des demografischen Wandels ein Förderprogramm zur „Wiedernutzung leerstehender Wohngebäude" erlassen bzw. beabsichtigen, dies zu tun.

Mit einem Förderprogramm „Wiedernutzung von Wohngebäuden" soll jungen Familien (oder alternativ: generell Käufern) ein Anreiz zum Erwerb leerstehender Wohngebäude im Innenbereich geboten werden. Damit könnten – bei erfolgreichem Verlauf des Förderprogramms vermehrt junge Familien in die Ortskerne ziehen.

Grundlegende Erfahrungen liegen noch nicht vor. Alle Förderprogramme sind (mehr oder weniger) identisch (...) Allen Förderprogrammen ist gleich: Gefördert werden Objekte, die bereits seit 2 (1) Jahren leerstehen und vor 1970 (1960) errichtet wurden. Die Förderhöhe beträgt bis zu 8000 Euro je Objekt. In einigen Kommunen müssen die Gebäude eine gewisse ortsbildprägende Wirkung haben.

Wiebeiallenkommunalen Förderprogrammensolltefolgendesbeachtetwerden:

Mitnahmeeffekte müssen weitgehend ausgeschlossen werden, d.h. das Förderprogramm sollte grundsätzlich nur solche Fälle unterstützen, die auf andere Weise nicht gelöst werden können.

In den Kommunen gibt es nicht allzu viele Objekte, die bereits seit mindestens 2 Jahren leerstehen und die im Programmgebiet liegen. Nur für diese Objekte kann das Programm gelten. Aufgrund der zu erwartenden höheren Leerstandsrate wird dieser Wert in den nächsten Jahren ansteigen.

Alle beteiligten Gemeinden sprechen von einem hohen Aufwand.

Soll das Wiedernutzungsprogramm einen nachhaltigen Effekt haben, dann sind größere Finanzmittel bereitzustellen. Werden je Fall bis zu 8000 Euro ausgezahlt, dann können mit 100.000 Euro nur 12 – 15 Fälle bedient werden. Eine geringere Fördersumme je Objekt ist kaum möglich, da die vorgestellten Kommunen alle bis zu 8.000.00 Euro anbieten.

Zudem stellt sich die Frage der Wirkung: Erlassen viele Nachbargemeinden ein ähnliches Programm, dann ist der gewünschte Effekt die Gemeinde – Bürger zum Umzug zu bewegen – gleich Null. Dann müssen die Themen „Wiedernutzung alter Bausubstanz" und „Erhaltung der Ortskerne" in den Vordergrund treten.

Aufgrund der relativ kurzen Dauer der bisherigen Wiedernutzungsprogramme gibt es kaum belastbare Entscheidungsgrundlagen.

III. Forderungen an die Politik, weiteres Vorgehen

Der Bundesgesetzgeber ist gefordert, kurz- bis mittelfristig die notwendigen gesetzlichen Grundlagen dafür zu schaffen, dass Städte und Gemeinden verbesserte Zugriffsmöglichkeiten auf langjährige und abbruchreife Leerstände erhalten.

Der demografische Wandel lässt vermehrt ungeklärte Erbfolgen in Form von Erbengemeinschaften entstehen, die die Klärung der Eigentumsfragen erheblich erschweren. Es wird zukünftig verstärkt zu langjährigen Leerständen kommen, für die sich niemand zuständig fühlt.

Gemeinden haben die Verpflichtung, zum Wohl der Allgemeinheit zu handeln. Jedoch bedarf es einer Lockerung des Eigentumsrechts sowie der Erweiterung der kommunalen Eingriffsmöglichkeiten, um die Dörfer und Gemeinden von diesen städtebaulichen Missständen zu befreien.

Experten sehen dazu die Möglichkeit, durch schärfere ordnungsrechtliche Maßnahmen „negative Anreize" zu schaffen, um so Druck auf nicht kooperationsbereite Eigentümer abbruchreifer Gebäude ausüben zu können.

Die Einführung einer „Grundsteuer C" für langjährige, ungenutzte Leerstände könnte Eigentümer zum Handeln bewegen. Die (spürbar) erhöhte Besteuerung abbruchreifer Gebäude soll die jeweiligen Eigentümer zum Umdenken bewegen. Gemeinsam mit den vorhandenen kommunalen Instrumentarien und informellen Handlungsmöglichkeiten könnte so ein umfassendes und abgestimmtes Maßnahmenpaket zum Umgang mit diesen Leerständen erarbeitet werden.

Neben den instrumentellen Möglichkeiten in speziellen Programmgebieten (Stadtumbau, Sanierungsgebiete, Soziale Stadt), die nur einen sehr geringen Anteil der durch Leerstand bedrohten Städte und Gemeinden umfassen, müssen die allgemeinen Handlungsmöglichkeiten der Kommunen entscheidend verbessert werden.

Dazu zählt neben der Ausstattung mit entsprechenden Fördermitteln des Bundes für weitergehende Forschungen im Bereich des Umgangs mit (Wohngebäude-)Leerständen in ganz entscheidendem Maß die Erweiterung der gesetzlichen Grundlagen im Eigentums-, Ordnungs- und Baurecht.

Ebenso muss die Frage geklärt werden, bis zu welchen Grad privates Eigentum geschützt ist, insbesondere dann, wenn es durch seine Wirkung (Schandfleck) die Nachbarschaft nachhaltig negativ beeinträchtigt.

– *Forderungen an die Landespolitik*

In vielen saarländischen Kommunen herrscht bereits heute ein massives Überangebot an Wohngebäuden, die das Ortsbild verschandeln und sich erheblich negativ auf die Wohn- und Aufenthaltsqualität des Umfeldes auswirken. Viele dieser Leerstände weisen einen erhöhten Sanierungsstau auf.

Alleine mit kommunalen Finanzmitteln ist das Problem auf Dauer nicht zu bewältigen. Land und Bund müssen sich an der Finanzierung von Abriss beteiligen, nicht nur an der großflächigen Beseitigung von Wohnraum im Rahmen des „Stadtumbau-West-Programms".

– *Kommunen*

Die Kommunen sollten ein Förderprogramm „Abriss" dort einführen, wo keine alternativen Fördermittel wie Stadtumbau West, Soziale Stadt oder Sanierungsgebieten eingesetzt werden können.

Neben den formellen Instrumenten sowie der Einführung von Fördermaßnahmen ist es für Kommunen entscheidend, ein Gesamtpaket anzubieten. Dazu zählen umfassende Aufklärungs- und Beratungsangebote sowie die Installation eines Leerstandsmanagements.

Leerstand ist keine Angelegenheit von wenigen Jahren, sondern erfordert kontinuierliche Arbeit und Betreuung seitens der Kommune.

– *Grundstücksfonds und kommunale Grundstücksgesellschaft/ Entwicklungsgesellschaften*

Der Umgang mit Leerstand und Abriss muss zeitnah und unbürokratisch erfolgen. Hierfür bietet sich die Einrichtung eines Grundstücksfonds an, aus dem Maßnahmen finanziert werden können.

Dieser Fond wird gespeist aus Landes- oder Bundesmitteln für den Abriss, kommunalen Mitteln sowie Erlösen aus dem Verkauf von Grundstücken oder der Rückübertragung von gesicherten Forderungen.

Ein elementarer Baustein im Rahmen kommunaler Abrissförderung könnte die Gründung einer Grundstücks- oder Entwicklungsgesellschaft sein.

Die kommunale Grundstücksgesellschaft könnte Leerstände von Privaten aufkaufen und selbstständig abreißen und die frei werdenden Flächen in ihrem Interesse vermarkten/umnutzen. Vorteil: die Gemeinde erwirbt Flächen, die ansonsten im Eigentum von Privaten unerreichbar wären. Die Gesellschaft generiert eigene Einnahmen durch den Verkauf von frei geräumten Grundstücken oder selbstständig wieder bebauten Grundstücken.

Mit einer Grundstücksgesellschaft kann die Gemeinde sehr flexibel reagieren und beispielsweise die Finanzierung von Projekten vereinfachen. Der finanzielle Grundstock stellt kommunales Eigenkapital dar, jährliche Zuschüsse aus dem Haushalt sowie selbst erwirtschaftete Einnahmen ergänzen das Finanzbudget der Gesellschaft.

– *Bürgschaft oder „Abrisseinlage"*

Ein weiterer innovativer Ansatz zur Lösung des Leerstandsproblemes ist die Zahlung einer „Abrisseinlage" für jeden neu errichteten Neubau außerhalb der Kernbereiche (Pfand).

Mit jedem Neubau ist eine kleinere Summe (z.B. 500 Euro bzw. Bürgschaft) zu hinterlegen und anzulegen, der später für die Entsorgung des Gebäudes genutzt wird.

IV. Thesen und Fazit

- Der demografische Wandel bedingt insbesondere im ländlichen Raum eine hohe Anzahl von leerstehenden Wohngebäuden
- Gerade die potenziellen Leerstände (jüngster Bewohner eines Gebäudes ist älter als 70 Jahre) stellen eine große Herausforderung dar – in einigen Kommunen ist hiervon jedes 6. Wohngebäude betroffen
- Eine systematische Erfassung und Analyse ist Grundlage für ein „erfolgreiches" Leerstandsmanagement
- Neben der ungünstigen räumlichen Verteilung von Leerständen und potenziellen Leerständen treten viele weitere Probleme auf
- Leerstandsbewältigung wird damit zunehmend zur kommunalen Aufgabe
- Leerstandsmanagement ist zeit- und kostenaufwendig, aber auch (in Einzelfällen) erfolgreich
- Noch gibt es keine erfolgversprechende Gesamtstrategie
- Erste Ansätze verfolgt das „Melanie-Projekt" des Saarländischen Umweltministeriums

Sichtbare Zeichen des demografischen Wandels sind zukünftig insbesondere leerstehende Wohngebäude im Orts- und Stadtbild. Die Gesellschaft steht hier am Beginn einer großen, kaum lösbaren Herausforderung. Sind neue gesetzliche Grundlagen, neue Förderbestimmungen oder einfach nur kreative Ideen der Schlüssel zum Erfolg?

Das Planungs-Paradoxon – Zu viele Baulücken und zu wenige Bauplätze Erfahrungen und Konsequenzen aus Rottenburg am Neckar 1980–2005

*Dr. Holger Keppel**

---

* Dr. Holger Keppel ist Bürgermeister der Stadtverwaltung Rottenburg a.N.

I. Einleitung

Ausgehend von den ersten bundesweiten Untersuchungen, konkret dem Forschungsvorhaben „Baulücken ..." des damaligen Bundesministeriums für Raumordnung und Bauwesen,[1] erstreckte sich eine Flut von Untersuchungen zu diesem Thema über die Bundesrepublik, vorwiegend allerdings nördlich der Mainlinie. Ausnahme blieb im Süden Deutschlands unter anderem die Stadt Nürnberg – und Rottenburg am Neckar. In Nordrhein-Westfalen[2] wurden sogar staatliche Förderprogramme aufgelegt. Bei vorgenanntem Forschungsprojekt wurde festgestellt, dass bundesweit genügend sofort bebaubares Baulandpotential in Form von Baulücken zur Verfügung steht. Trotzdem wurden seitdem weiterhin in enormen Umfang Wohnbauflächen im Außenbereich erschlossen. Das Ergebnis einer 1990 durchgeführten Nachuntersuchung bei 120 Städten zeigte allerdings, dass bundesweit weniger als 10 % dieser Städte (vorwiegend Großstädte) konsequente Aktionen zur Schließung von Baulücken durchgeführt haben.[3] Die letzte bundesweite Städteumfrage (BfLR) im Jahr 1993 ergab, dass in Klein- und Mittelstädten wie auch kleineren Großstädten der Anteil der baureifen Flächen und der Flächen mit Entwicklung der Baureife an den Gesamtreserven zusammen 55 % betrug. Weiter wurde festgestellt, dass 60 % der Städte den damals aktuellen Wohnbaulandbedarf auf vorhandenen baureifen Flächen abdecken können.[4]

Sowohl fehlender politischer Wille als auch Desinteresse bei mangelnder Problemsicht und „Frust" über mangelnde Erfolge innerhalb der Verwaltung und der Gemeinderäte sind wohl Gründe hierfür.

In einer Fallstudie (Totalerhebung aller 193 Städte und Gemeinden über 10.000 Einwohner) wurden 1990 erstmals Baulückenaktionen in Baden-Württemberg abgefragt (KEPPEL 1991). Lediglich ein Drittel aller Kleinstädte befasste sich zu diesem Zeitpunkt mit diesem Thema.

Die damalige Problemlage, d. h. der Widerspruch zwischen hohem Landschaftsverbrauch einerseits und vorhandenem brachliegenden Baulandpotential andererseits, besteht heute nach wie vor, leider noch verstärkt durch hinzukom-

1 Dieterich, Hartmut et al.: Fallstudie zum Baulandpotential für städtischen Lücken-Wohnungsbau, Schriftenreihe des BM Bau 03.089, Bonn 1981.

2 Baulücken nutzen – wie und warum?, Hrsg.: Institut für Landes- und Stadtentwicklungsforschung, NRW, Dortmund 1984.

3 Keppel, Holger: Baulandpotential Baulücken: Erkenntnisse, Erfahrungen, Empfehlungen, Dortmund 1991.

4 Rach, Diethard u.a. Städteumfrage 1993 der Bundesanstalt für Landeskunde und Raumordnung zum Bestand, Bedarf und Verfügbarkeit von Baulandreserven in: Materialien zur Raumentwicklung, Heft 64, Bonn 1994.

mende Konversions-, Industriebrachen- und Bahnflächen. DAVY (1996) spricht in einem Beitrag der Zeitschrift für die Verwaltung von einem „raumordnungspolitischen Paradoxon".[5]

Insofern kommt es nicht von ungefähr, auch und gerade als Folge der neueren Bodenschutzpolitik, dass sich die Raumplanung und Politik seit wenigen Jahren wieder verstärkt diesem Thema, unter den Schlagworten „Innenentwicklung vor Außenentwicklung", Flächenmanagement etc., angenommen hat.

II. Ausgangslage

Die Stadt Rottenburg am Neckar mit derzeit rund 43.000 Einwohnern hatte in den letzten 20 Jahren ein Bevölkerungswachstum von rund 12.000 Einwohnern zu verzeichnen, das vor allem aus Zuzügen aus der Region Stuttgart – auch als Folge des Autobahnbaus Stuttgart-Singen – und vermutlich der mangelnden Wohngebietsausweisungen des benachbarten Oberzentrums Reutlingen – Tübingen in diesem Zeitraum erwuchs.

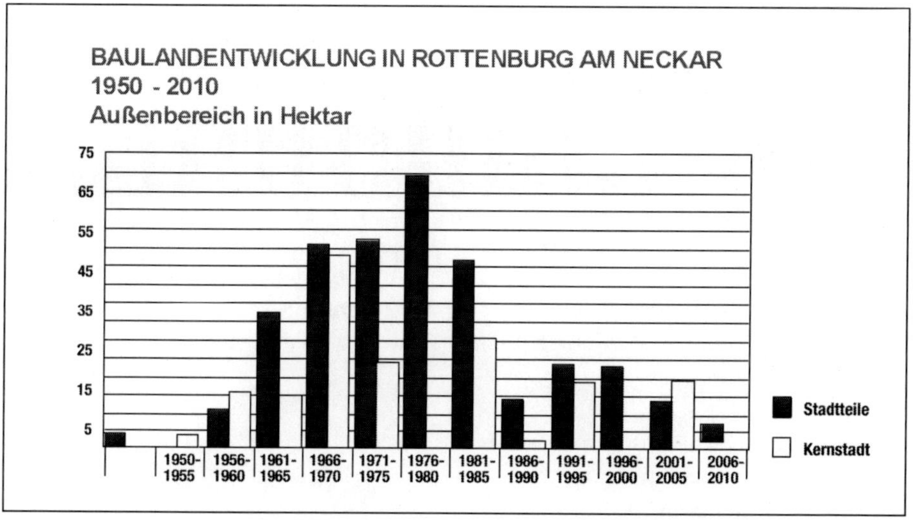

5 Davy, Benjamin: Baulandsicherung: Ursache oder Lösung eines raumordnungspolitischen Paradoxon? im ZfV, Zeitschrift für Verwaltung 1996, Heft 2, Wien.

Infolge der in Eingemeindungsverträgen zugesicherten Eigenentwicklung für jeden der 17 Stadtteile, wurden sehr viele neue Baugebiete mit rund 2.500 Bauplätzen auf rund 300 Hektar zwischen 1970 und 2000 entwickelt.

Davon allein rund 145 Hektar im ersten Jahrzehnt nach der Eingemeindungsphase mit rund 1.300 Bauplätzen in den Stadtteilen sowie weiteren 630 Bauplätzen in der Kernstadt. Weil trotz neuer Baugebiete „angeblich" niemand bauen konnte, wurden von den Ortschaften weiterhin neue Baugebiete verlangt.

Warum war dies so? Ganz einfach, weil sich die Baulückenbesitzer verhalten wie die Eichhörnchen. Sie horten ihre Grundstücke leider aber sehr viel länger als nur einen Winter, 52 % aller Baulücken existieren seit über 30 Jahren. Die Baulückenbesitzer zur Bebauung zu bewegen und entsprechende Bereiche für eine Bebauung zu entwickeln, gestaltet sich nach dem Motto: „Mühselig ernährt sich das Eichhörnchen".[6]

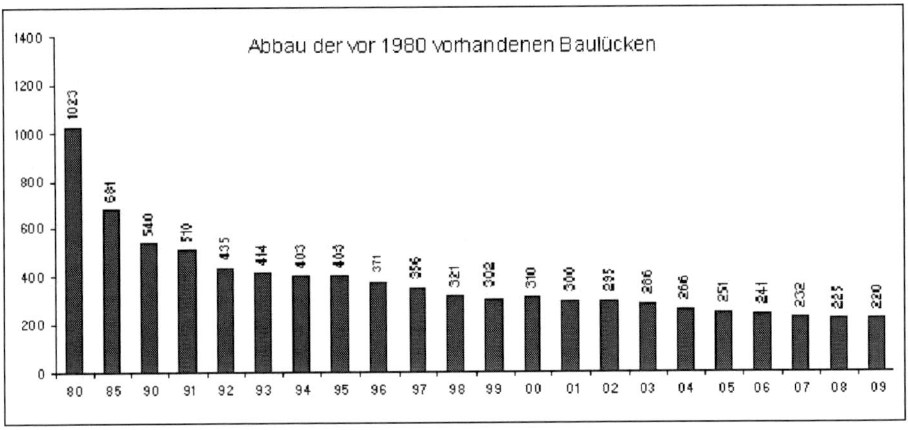

Aufgrund der Ergebnisse der ersten Baulückenuntersuchung (1979–1981) wurden durch Beschluss des Gemeinderates 1983 planerische und politische Konsequenzen gezogen. Die Maßnahmen lassen sich in folgenden Punkten kurz zusammenfassen:

- Aktivierung bestehender Baulücken durch
  - Eigentümeranschreiben in den Jahren 1983, 1991, 1998/1999 und 2005
  - Tauschangebote sowie die
  - Errichtung einer Baulandbörse 1999, Aktivierung 2005
  - Einstellung ins Internet 2007

6 Keppel, Holger: Baulücken das (un)heimliche Baulandpotenzial, in: RaumPlanung Nr. 105, Dez. 2002.

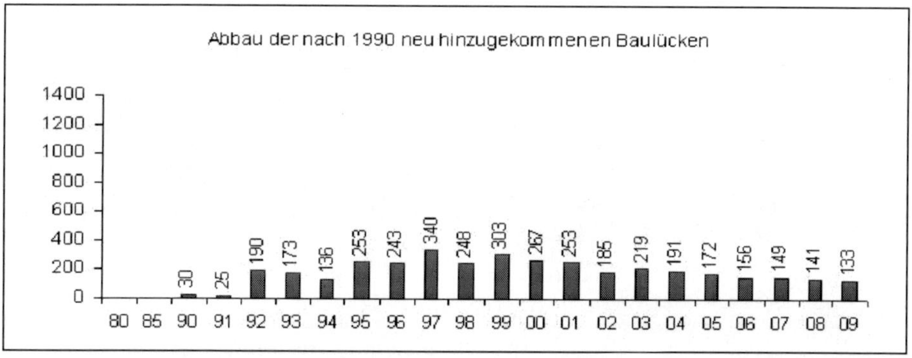

- Mobilisierung von Innenbereichsgebieten durch Aufstellen bzw. Änderung von
  - Bebauungsplänen
  - Vorhabenbezogenen Bebauungsplänen
  - Städtebaulichen Verträgen.
- Veränderte Bodenordnungsverfahren durch freiwillig Leistung von
  - erhöhten Flächenabzügen
  - Bauverpflichtung und
  - hundertprozentiger Kostenübernahme von Planung sowie
  - innerer und äußerer Erschließungskosten
- Darüber hinaus leistet die seit Beginn der 1980er Jahre begonnene Stadt- und Dorferneuerung einen großen Anteil bei der Innenentwicklung.
- Neu ist das Thema Leerstände in den dörflichen Ortskernen, diese wurden seit 2004 systematisch erfasst und seit 2008 in die Homepage der Stadt gestellt.

Diese Ziele wurden im 1999 aufgelegten Stadtentwicklungsplan, unter dem Leitbild „Moderates Wachstum", nochmals ausdrücklich bestätigt, ebenso bei der Fortschreibung 2008.

III. Baulückenmobilisierung

Es ist zwar bis zum Jahr 2009 gelungen, die absolute Zahl aller Baulücken in den bebauungsplanmäßig erschlossenen Baugebieten von 1054 (1980) auf 220 (2009) zu verringern.

Die dezentrale Struktur der Flächenstadt Rottenburg am Neckar mit einem hohen Grad an Eigenentwicklung in den 18 Gemeindeteilen bringt jedoch eine

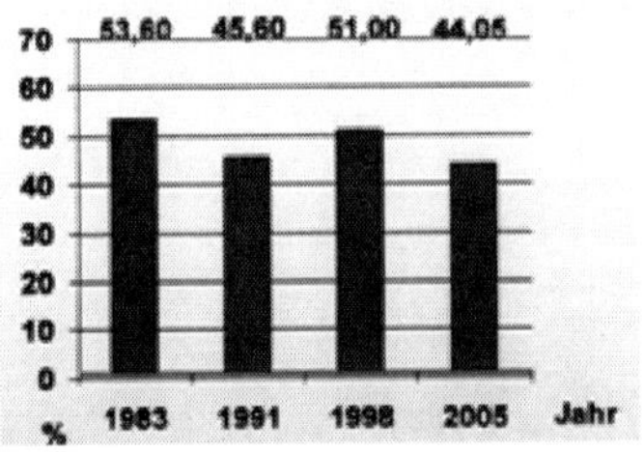

Grundstücke sollen an Kinder/Enkel vererbt werden

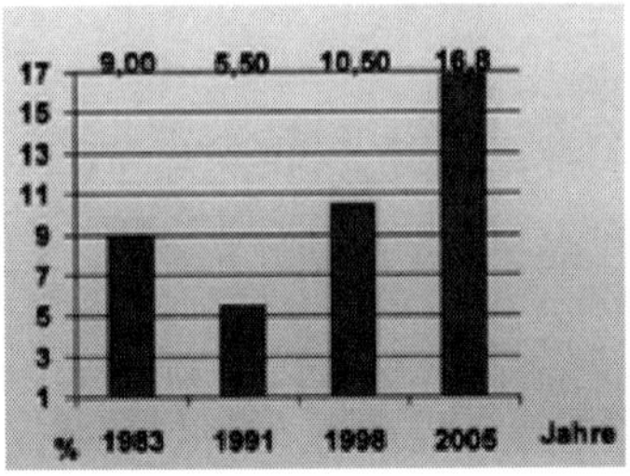

Eigentümer ist verkaufs-/tauschbereit

politisch begrenzte Steuerungsmöglichkeit mit sich. Nachwehen von Eingemeindungszusagen und entsprechende Folgebeschlüsse zur Baulanderschließung Anfang der 1980 Jahre, in Verbindung mit der langen Verfahrensdauer bei der Bauleitplanung und Bodenordnung, bauten das Baulückenpotential wieder auf. Bei den damaligen neuen Planungen konnten die Grundsatzbeschlüsse von 1983 noch nicht greifen, sodass sich die Anzahl der Baulücken derzeit (2009) bei rund 714 bewegt, durch die starke Baulandnachfrage allerdings die niedrigste Zahl seit über 25 Jahren.

In den alten Ortslagen (§ 34 Gebieten) reduzierte sich die Baulückenanzahl von 311 auf 112, in der Kernstadt existieren lediglich noch 18 Baulücken.

Als eine der Beurteilungsgrößen zur Begründung für die Ausweisung neuer Baugebiete wird – seit den Beschlüssen des Gemeinderats von 1983 – die so genannte Baulückenziffer herangezogen.

Diese bezeichnet den Anteil der unbebauten Grundstücke an der Gesamtzahl der bebauungsplanungsmäßig ausgewiesenen Baugrundstücke. Seit 1980 hat sich diese, einschließlich der neu hinzugekommenen Baugebiete, wie folgt verringert.

	1980	1985	1990	1995	2000	2005	2009
Stadtteile	34,4	29,5	25,9	19,1	17,5	15,8	12,3
Kernstadt	17,7	24,4	17,7	14,8	9,9	7,2	6,6
Gesamtbestand	27,9	27,1	21,8	13,4	14,9	12,7	10,3

Bundesweit ging man 1980 von durchschnittlich 10 % aus (neuere Daten existieren nicht).

Das Problem vieler Baulückenerhebungen ist, dass sie im Stadium der Bestandserhebung stecken bleiben und nach der Analyse sehr schnell die Resignation greift – „man kann doch nichts machen". Während die technische Bearbeitung von Baulückenkatastern zwischenzeitlich über GIS-Systeme perfektioniert wurde und immer noch wird, wurde die praktische planungspolitische Umsetzung, durch Eigentümerumfragen und Gespräche, Ursachen zu erforschen und Lösungen aufzuzeigen, wie z. B. die Beratung von Bauherren oder Baulandbörsen einzurichten, nur zaghaft begonnen. Dies liegt sicherlich auch darin begründet, dass die Prozesse sehr aufwendig sind und eben einen längeren Atem erfordern als eine Wahlperiode hergibt.

Als Ergebnis der 3. Eigentümerbefragung 1999[7] wurde in Rottenburg am Neckar 1998 erstmals eine Bauplatzbörse eingerichtet. Der Gedanke war, Baulücken über ein öffentliches Verzeichnis der Stadt – mit Zustimmung der Eigentümer – an interessierte Bauherren weiterzugeben und sie somit ihrer planbestimmten Nutzung zuzuführen.

Die freigegebenen Baulückenlisten liegen in den 17 örtlichen Verwaltungsstellen und im Baudezernat aus. Neben der Veröffentlichung in den Rottenburger Mitteilungen, der örtlichen Presse sowie in einer Broschüre, erhielten auch die Immobilienabteilungen der örtlichen Geldinstitute die Zusammenstellung. Zwischenzeitlich konnte die Hälfte dieser Baulücken vermittelt und bebaut werden.

Seit 2007 sind die Baulücken, mit Lagebezeichnung und weiterer Erläuterungen auf der Homepage der Stadt eingestellt.

IV. Mobilisierung von Innenbereichsgebieten

1. Vorgehensweise

Am schwierigsten, sozusagen nach dem Motto: „Mühselig ernährt sich das Eichhörnchen"[8], stellt sich die Mobilisierung von größeren Baulückenbereichen im Innenbereich dar. Bei der ersten Rottenburger Baulückenuntersuchung (1979) wurden diese Bereiche als so genannte „Ergänzungsgebiete" bzw. „städtebauliche Vorrangflächen" definiert. Das heißt, dass diese Gebiete gegenüber Neuerschlie-

7 Keppel, Holger: Baulandbericht und Baulandbörse, Beiträge zur Stadtentwicklung Nr. 14, Rottenburg am Neckar 1999.

8 Keppel, Holger: Innenentwicklung oder: Mühselig ernährt sich das Eichhörnchen, in: DIE GEMEINDE, WGZ 17/2004.

ßungen „auf der Grünen Wiese" als vorrangig zu erschließende Siedlungsflächen zu betrachten sind. Gründe für diese Priorisierung liegen darin, dass etwa die äußere Erschließung, Ver- und Entsorgung, vorhanden ist bzw. lediglich ein geringerer innerer Erschließungsaufwand entsteht.

In einem ersten Durchgang wurden in der Rottenburger Kernstadt und den 17 Stadtteilen über 50 derartige Bereiche definiert, die anschließend einer zweiten vertieften kritischen Bewertung unterzogen wurden.

Dabei wurde unter anderem nach bau- und planungsrechtlichen sowie umwelt- und naturschutzrechtlichen Gesichtspunkten, aber auch aus Gründen der Praktikabilität eine Reduzierung dieser Bereiche auf die Hälfte vorgenommen. Übrig blieben in der Regel innerörtliche ungenutzte Flächen, die es vorrangig zu aktivieren galt und die – wie sich herausstellte – bisher problembehaftet und deshalb über Jahre und Jahrzehnte zum Teil großflächige innerörtliche Baulücken geblieben waren.

Problembehaftet meint hier insbesondere die Bereiche zwischen den alten Ortskernen und den Neubaugebieten, die in der Vergangenheit zum Teil über Jahrzehnte aufgrund der Eigentümerstruktur, einer fehlenden Umlegung, Abstandsflächen zu alten landwirtschaftlichen Anwesen oder gar eines Wasserlaufs einfach umgangen bzw. räumlich „übersprungen" wurden, um gleich richtig und leichter auf der „Grünen Wiese" zu planen. Insbesondere im ländlichen Bereich liegt hier noch ein enormes privates Baulandpotential brach.

Seit 1985 konnten mit rund 50 eingeleiteten Bauleitplan- und amtlichen Bodenordnungsverfahren somit 700 neue Bauplätze in diesen Bereichen städtebaulich neu geordnet werden, ohne eine neue zusätzliche Flächeninanspruchnahme „auf der Grünen Wiese". Die durchgeführten bzw. zum Teil noch laufenden Verfahren lassen angesichts dieser langen Laufzeit von jeweils bis zu zehn Jahren die Schwierigkeiten dieser Art der Baulandaktivierung erkennen und binden zudem sehr viel Verwaltungskraft.

Warum soll sich auch ein Bürgermeister diesem Stress unterziehen, wo doch der Vollzug der 4. Fruchtfolge viel erquicklicher ist. Auch für die Planerkollegen lässt sich behaupten, dass sie lieber „schöne neue" Pläne entwerfen, statt sich mit dem Bestand herumzuquälen.

Ein wesentlicher Mangel bzw. ein entscheidendes Hindernis bei der Überplanung solcher Innenbereichsflächen liegt auch im System, d. h. im verwaltungsmäßigen und sektoralen Nebeneinander von Stadtplanung, Bodenordnung und Erschließungsbeitragsrecht. Nur in der Zusammenführung dieser Aufgabenbereiche kann die Aktivierung dieser Flächen erfolgreich sein.

Mit Blick auf diese anstehenden kommunalen Aufgabenprofile ist der seit Jahren anhaltende Personalabbau äußerst problematisch. Die sich hieraus ergebenden quantitativen und qualitativen Einschnitte gehen auch zu Lasten der sehr personalintensiven und koordinationsaufwändigen Mobilisierung von Innenbereichsflächen.

2. Fallbeispiele[9]

In einem Rottenburger Stadtteil (Seebronn mit rund 1.700 Einwohnern) wollte der Ortschaftsrat 1985 trotz 39 % unbebauter Bauplätze eine sieben Hektar große Obstbaumwiese zu Bauland machen, was zurückgestellt werden konnte. Statt dessen wurden im Einvernehmen mit dem Ortschaftsrat dann zwei Innenbereichsbebauungspläne aufgestellt bzw. bestehende alte Ortsbaupläne – zur Nachverdichtung – geändert und teilweise erweitert. Das brachte zusammen 80 Bauplätze und eine Flächeneinsparung von rund 7,8 Hektar. Dass dieses im Flächennutzungsplan weiterhin als Wohnbaufläche ausgewiesene Obstbaumareal nach 20 Jahren immer noch unangetastet geblieben ist, mach auch den Bewusstseinswandel deutlich.

Am Beispiel des größten Stadtteils von Rottenburg am Neckar (Ergenzingen), der in den letzten zwei Jahrzehnten von knapp 3.000 auf über 4.000 Einwohner angewachsen ist, lässt sich diese Innenbereichsentwicklung sehr gut veranschaulichen.

Ausgehend von mehreren städtebaulichen Testentwürfen um den alten Ortskern herum, wurden hier, seit dem letzten klassischen Baugebiet auf der „Grünen Wiese“ 1983, im Innenbereich mit neun Verfahren auf rund 12 Hektar 165 Bauplätze entwickelt.

Im Rahmen einer kleineren Untersuchung hat sich gegenüber der 1980 angenommenen Bebauung feststellen lassen, dass sich die tatsächliche Bebauung in den Ergenzinger Baulücken von 1980 durch Grundstücksteilungen um 25 % und hierbei die Anzahl der realisierten Wohneinheiten sogar um ein Drittel erhöhte.

In elf Rottenburger Stadtteilen wurden 36 Verfahren mit 422 Bauplätzen auf rund 41 Hektar entwickelt. Interessant ist dabei, dass von den Innenbereichsbebauungsplänen die Hälfte keine Baulücken mehr aufweisen, wobei in allen Neu-

9 Keppel, Holger: Kommunales Flächenmanagement im Spannungsfeld zwischen Innen- und Außenentwicklung. Vortrag Akademie für Raumforschung und Landesplanung, Ostfildern 2002.

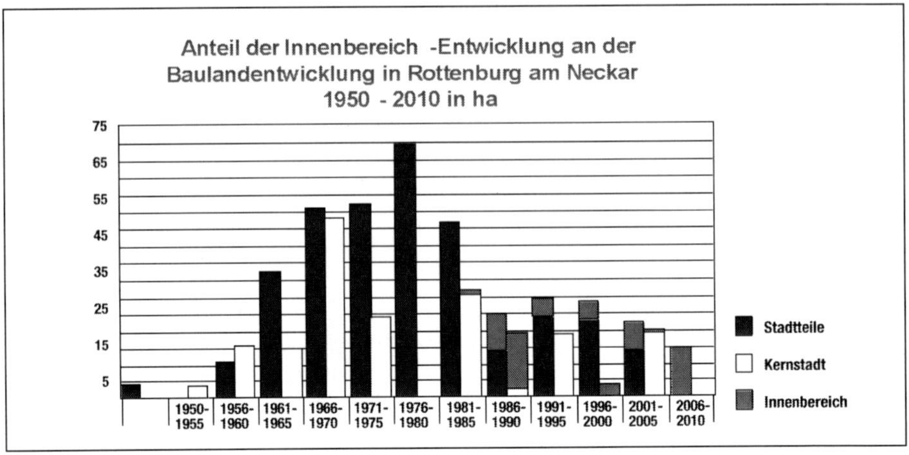

baugebieten der letzten 20 Jahre noch eine durchschnittliche Baulückenziffer von 17 % (Baulücken) zu verzeichnen ist.

In der Kernstadt wurden in den letzten 15 Jahren mit 13 Bebauungsplanverfahren rund 240 Bauplätze auf 21 Hektar Innenbereichsfläche entwickelt. Dies – neben bisher ungeordneten Bereichen – auf einer Industriebrache, einem ehemaligen Tennisgelände, einer aufgelassenen Gärtnerei, sowie der am Altstadtrand gelegenen ehemaligen Viehweide der Landesvollzugsanstalt.

V. Altstadt- und Dorferneuerung

1. Stadt- und Dorfsanierung

Im Rahmen der Rottenburger Altstadtsanierung wurden in den Jahren 1980–2009 mit enormen Aufwendungen rund 150 Gebäude grundlegend saniert und über 400 Gebäude mit Gestaltungs- und Modernisierungszuschüssen gefördert.[10]

In den Stadtteilen wurden im gleichen Zeitraum bei über 750 Gebäuden im Rahmen des Dorfentwicklungsprogramms des Landes Modernisierungsmaßnahmen gefördert.[11]

10 Keppel, Holger: Das Bild der Stadt verändert sich – Altstadtsanierung Rottenburg am Neckar, Ulm 1999, fortgeschriebene Daten bis 2009 Baudezernat Stadt Rottenburg am Neckar.

11 Keppel, Holger u. a.: Dorfentwicklung im Wandel in Beiträge zur Stadtteilplanung Rottenburg am Neckar, Nr. 11, 1997.

2. Leerstände in den Ortskernen

In diesen Kontext gehören – insbesondere im ländlichen Raum – die noch nicht genügend beachteten Leerstände bei alten Bauernhäusern und Scheunen, wie im Rahmen verschiedener Untersuchungen in den Rottenburger Stadtteilen festgestellt werden konnte. Zur Reaktivierung dieser bebauten Flächen hat die Stadt Rottenburg am Neckar ein eigenes „Dorfqualitätsprogramm" zum Ausbau von alten Wohngebäuden und Scheunen aufgelegt.

Die Voruntersuchungen zum MELAP-Programm erbrachten, für neun untersuchte Stadtteile von Rottenburg am Neckar, ein – in innerörtlichen dörflichen Leerständen unterzubringendes – Potential von über 200 Wohneinheiten. Dies entspricht einer „Flächeneinsparung" in der Größenordnung von 14–16 ha auf der „Grünen Wiese".

Im Rahmen eines Seminars am Geographischen Institut der Universität Tübingen wurden Mitte 2005 auch die Leerstände in den anderen acht Stadtteilen untersucht.

Insgesamt wurden nunmehr rund 250 innerörtliche Leerstände, entwicklungsbedingte künftig anstehende Leerstände und untergenutzte Flächen kartiert.[12]

Seit 2008 stehen – mit Einverständnis der Eigentümer – auch diese Leerstände auf der Homepage der Stadt. Im Jahr 2001 hat die Stadt Rottenburg am Neckar das so genannte Dorfqualitätsprogramm aufgelegt, hieraus wird die Aktivierung von dörflichen Leerständen mit bis zu 20.000 € pro Wohneinheit bezuschusst, zwischenzeitlich wurden über 40 Vorhaben gefördert.

VI. Veränderte Bodenordnungsverfahren

Da der bundesweite Schrumpfungsprozess Baden-Württemberg in den nächsten Jahren, aufgrund der prognostizierten Zuwanderung und der vergleichsweise günstigen natürlichen Bevölkerungsentwicklung, noch nicht erreichen wird, besteht weiterhin eine Wohnungsnachfrage, die durch das tatsächlich verfügbare Innenbereichspotential nicht gänzlich abzudecken ist.

Der Grund hierfür ist vor allem die Zunahme der Anzahl und Struktur der Haushalte. Das Statistische Landesamt Baden-Württemberg und das Bundesamt für Bauwesen und Raumordnung kommen – trotz methodisch unterschiedlicher

12 Klein, Viktor; Eibner, Ingrid u. a.: Potenzialflächen der Innenentwicklung in den Rottenburger Stadtteilen, unveröffentlichte Manuskriptfassung.

Ansätze – zu einem jährlichen Baubaubedarf von ca. 40.000–45.000 Wohnungen, mit abnehmender Tendenz.[13] Hierbei wird eine Zunahme der Haushalte bis 2010 um 5,4 % und bis 2020 um weitere 3,7 % prognostiziert. Es sind also in begrenztem Umfang zusätzliche Wohnbauflächen auszuweisen, der Nachfragewunsch besteht hier vorrangig im Ein- und Zweifamilienhausbau.

Die Neuorganisation der Bodenordnungsverfahren in Rottenburg am Neckar (seit 1982) muss als erfolgreichste Konsequenz der eingangs genannten Reduzierung der „Baulückenproduktion" betrachtet werden. Die Absicht bestand darin, mehr neu erschlossene Baugrundstücke auch zeitnah zu bebauen, um dadurch weniger Baulücken zu produzieren.

Da der Aufkauf aller anstehenden künftigen Bauflächen in der Kernstadt und den 17 Stadtteilen sowie ihre Bevorratung nicht finanzierbar erschienen, galt es hier eine Alternative zu suchen. Diese wurde in einem der Bodenordnungsverfahren gefunden, das der Stuttgarter Maßnahmen- und Erschließungsträger STEG Stadtentwicklung Südwest bereits vor über zwei Jahrzehnten als so genanntes „Stuttgarter Modell" für den neuen Stuttgarter Stadtteil Neugereut entwickelt hat. Es handelt sich hierbei um ein freiwilliges Bodenordnungsverfahren, das einen erhöhten Flächenabzug vorsieht. Neben einem entschädigungslosen Flächenabzug von 30 % der Einwurfsfläche werden dem Grundstückseigentümer weitere 15 % der Einwurfsfläche abverlangt – allerdings gegen eine Entschädigung, deren Höhe vom Gutachterausschuss festgelegt wird.

Mit diesem in Baden-Württemberg inzwischen, mit Variationen, weit verbreiteten freiwilligen Bodenordnungsverfahren, bei dem die Beitrittserklärung des Grundstückseigentümers zu Beginn des Verfahrens per notariellem Vertragsabschluss gesichert wird, wurde der Grundstücksanteil der Gemeinde und damit deren Handlungsspielraum erhöht und somit die zeitliche Beeinflussung der Bebauung eines Grundstücks ermöglicht. Seit 1990 wird mit den Grundstückseigentümern zudem eine Bauverpflichtung dahingehend vereinbart, dass sie sich binden festlegen, innerhalb von zehn Jahren ihr im Rahmen des Bodenordnungsverfahrens neu zugeteiltes Grundstück zu bebauen. Mit diesem im Detail ständig weiterentwickelten Verfahren wurden im gesamten Stadtgebiet von Rottenburg am Neckar in den letzten zwei Jahrzehnten 20 Bodenordnungs- und Bauleitplanverfahren abgewickelt

Die hundertprozentige Übernahme aller Erschließungskosten – auch der äußeren Erschließung – durch die Grundstückseigentümer erzeugt zur Finanzierung

13 Harlander, Tilman: Demografische Entwicklung und Wohnbaulandnachfrage in Baden-Württemberg, Vortrag am 11.5.2004, Ludwigsburg Baulandinitiative Baden-Württemberg.

dieser Kosten einen Veräußerungsdruck, der tatsächlich zu einer schnelleren Überbauung des ausgewiesenen Baulandes führt. Die untenstehende Abbildung zeigt in der Vergleichsrechnung, die Abrechnung nach § 124 BauGB (Erschließungsvertrag) und nach Erschließungsbeitragssatzung. Sie macht deutlich, auf welche Höhe sich der bei der Stadt verbleibende Kostenanteil (Schattenkosten) beläuft.

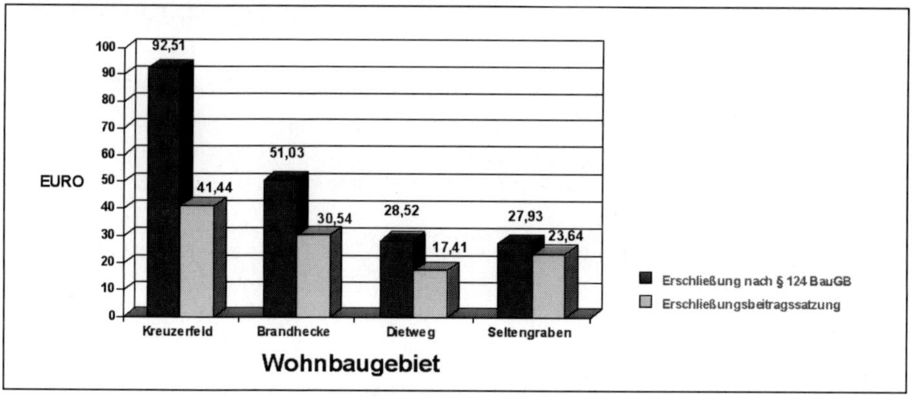

Demgegenüber ist bei den Aufkaufmodellen ein höherer Flächenverbrauch festzustellen, da nicht erwerbbare Grundstücke „räumlich übersprungen" werden und wegen einer größeren Flexibilität der Flächendisposition zusätzliche Wohnbauflächen in der Flächennutzungsplanung (alternativ) ausgewiesen werden.

VII. Einzelaspekte der Innenentwicklung

1. Rechtliches Instrumentarium

Das geltende Recht zur Eindämmung des Flächenverbrauchs ist ausreichend. Allerdings findet die seit 1987 geltende so genannte „Bodenschutzklausel" des BauGB: „Mit Grund und Boden soll sparsam und schonend umgegangen werden (...)" in der kommunalpolitischen Realität zu wenig Beachtung.

Dies gilt auch für die durch Gesetzesnovellierungen 1998 und 2004 erweiterte Fassung: „(...) dabei sind zur Verringerung der zusätzlichen Inanspruchnahme von Flächen für bauliche Nutzungen die Möglichkeiten der Entwicklung der Gemeinde insbesondere durch Wiedernutzbarmachung von Flächen, Nachverdichtung und andere Maßnahmen zur Innenentwicklung zu nutzen sowie Bodenversiegelungen auf das notwendige Maß zu begrenzen. Landwirtschaftlich, als Wald oder für Wohnzwecke genutzte Flächen sollen nur im notwendigen Umfang umgenutzt werden. Die Grundsätze nach den Sätzen 1 und 2 sind nach § 1 Abs. 7 in der Abwägung zu berücksichtigen."

Die Abwägung der Belange nach § 1 Abs. 7 BauGB muss „gerecht" sein. Das praktische Ergebnis zeigt aber: Arbeitsplatz sticht Bodenschutz, d. h. insbesondere die Arbeitsplatzbeschaffung bewirkt das „Wegwägen" der bodenschutzrelevanten Aspekte, mit dem Ergebnis, dass aufgrund einer fragwürdigen Angebotsplanung ein Überangebot z. B. an erschlossenen Gewerbegebieten besteht bzw. bei Wohngebietsausweisungen das vorhandene Innenbereichspotential zuwenig Beachtung findet.

Das geltende Recht bietet hierbei genügend Möglichkeiten zu einer Verminderung des Flächenverbrauchs beizutragen, es müsste nur ernst genommen und in der Praxis umgesetzt werden.

Die Raumordnung, d. h. die Landes- und Regionalplanung hat in den letzten Jahrzehnten ihre Steuerungskompetenz politisch zurückgeben müssen, dies war falsch.

Wenn schon die Nachhaltigkeit, hier insbesondere der sparsame Umgang mit Grund und Boden, derzeit das vorrangige politische Thema ist, muss jetzt auch politisch agiert werden. PR-Veranstaltungen wie derzeit die „Baulandinitiative" des Wirtschaftsministeriums und „Flächen gewinnen" des Umweltministeriums ohne praktische Konsequenzen reichen nicht mehr aus, um die Reduzierung der Flächeninanspruchnahme von derzeit rund 100 ha auf 30 ha pro Tag zu erreichen. Neben der bisherigen fast ausschließlich ökologischen Betrachtungsweise gilt es künftig bei der Innenentwicklung verstärkt demographische und ökonomische Aspekte bei der Bewertung heranzuziehen.

2. Demographische Entwicklung

Noch zu wenig beleuchtet und im Rahmen dieses Beitrages – im Detail – nicht möglich, ist die Darstellung der demographischen Entwicklung auf die Baulandentwicklung. Dies gilt sowohl für die abnehmende generelle Bevölkerungszahl, als auch und gerade für die alterstrukturelle Veränderung. Nach den Ergebnissen des Mikrozensus 1999 entsprechen nur noch 11% aller Haushalte dem Typus der Standardfamilie mit zwei Kindern unter 18 Jahren.

Dieser Anteil wird sich als Ergebnis der weiterhin abnehmenden Reproduktionsrate weiter verringern. Rund 50 % aller Großstadthaushalte sind derzeit Einpersonenhaushalte.

Wenn man bedenkt, dass ein Bebauungsplan und die Bodenordnung eine Bearbeitungszeit von 5-7 Jahren haben und die Auffüllung dieses Baugebietes –

unter Berücksichtigung eines fünfzigprozentigen städtischen Grundstücksanteiles – nach weiteren 5-7 Jahren zu 50 % bebaut ist, muss die Frage erlaubt sein, woher die jungen Familien mit zwei Kindern kommen sollen bzw. werden, die für die Jahre 2015-2020 eine Bauplatzausweisung notwendig bzw. erforderlich machen.

Vor diesem Hintergrund wird in den nächsten Jahren ein wahrer Wettbewerb unter den Kommunen entbrennen, mit dem Ziel, möglichst viele Einwohner hinzuzugewinnen, damit die vorhandene Infrastruktur wie z. B. Kindergärten, Schulen und Sporthallen weiterhin gut ausgelastet wird.

Diese Entwicklung hat unter anderem auf folgende kommunale Bereiche erheblichen Einfluss:

- die städtische Infrastruktur (Schulen und Kindergärten)
- den Sozialbereich (Pflegeheime)
- die städtebauliche Entwicklung und
- die Grundstückspolitik.

Wenn man den gerade dargestellten Erkenntnissen: Bearbeitungs- und Umsetzungsdauer von Wohnbaugebietsplänen sowie deren Aufsiedlung folgt, bedeutet dies allerdings, dass durch ein neues Baugebiet keine Kindergartengruppe mehr gefüllt werden kann, hierfür bedürfte es – aufgrund des Zeitfaktors – einer 4–5-fach größeren Flächenausweisung.

Eine gerade erstellte Wanderungsanalyse der Jahre 2000–2005 der Stadt Rottenburg am Neckar (Häusser, Keppel 2005) macht dies beispielhaft deutlich.

Zwei Drittel der Wanderungsgewinne in diesem Zeitabschnitt konzentrieren sich auf die Altbestände im Innenbereich, der Zuzug (Wanderung und innerörtliche Umzüge) in die Neubaugebiete mach 65 % des Gesamtsaldos aus. Lediglich 32 % des Wanderungsgewinnes entfielen auf die Neubaugebiete der letzten 10 Jahre, davon nur 15 % aus der Altersgruppe der unter 10-jährigen. Entgegen vielfach geäußerter Vermutung lagen die Geburtenziffern in den Neubaugebieten lediglich um 3,7 % höher als im Innenbereich.

Nachfolgende Graphik soll die Diskrepanz des künftigen Flächenangebotes und einer möglichen Nachfrage angesichts der demographischen Entwicklung verdeutlichen.

Das Innenbereichspotential ist insbesondere im Bereich der Baulückenbesitzer und Bewohnern von Nachkriegssiedlungen altersstrukturell so belegt, dass hier in den nächsten 15–20 Jahren, durch Erbfolge ein nicht unerhebliches Potential auf den Markt kommt.

Die Nachfrageseite verändert sich im gleichen Zeitraum
- mehr Singlehaushalte
- weniger Familien
- 55plus bis U100, die jedoch ein anderes Angebotsprofil nachfragen als das Einfamilienhaus im heutigen Außenbereich.

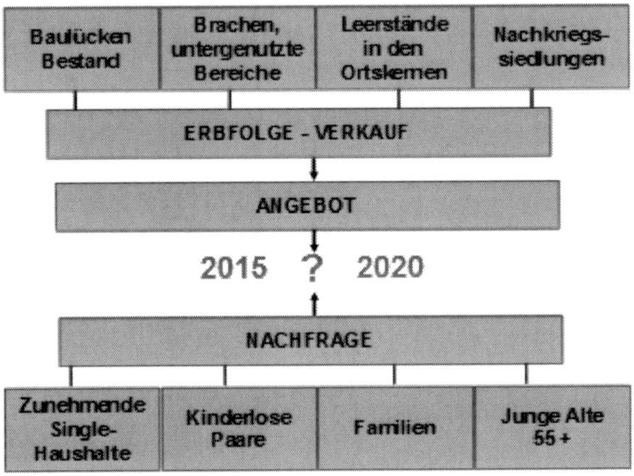

Wirkungszusammenhang:
Demographie und Wohnraumbedarf / Nachfrage

3. Stadtökonomische Aspekte

In ähnlicher Weise wie die weitere Ausweisung neuer Baugebiete „auf der grünen Wiese" – trotz genügend vorhandenem Bauplatzpotential im Innenbereich – stellt die kommunale Haushaltspolitik ein weiteres Paradoxon dar.

Einerseits werden Zuschussprogramme zur innerörtlichen Entwicklung aufgrund der desolaten Haushaltslage gestrichen. Andererseits wird der Eigenanteil, sofern nach Erschließungsbeitragssatzung abgerechnet wird, wie selbstverständlich akzeptiert und ein Vielfaches an Folge- und Unterhaltungskosten nicht wahrgenommen. Statt die bekannten nachfolgenden Unterhaltungskosten im Haushaltsplan zusätzlich aufzunehmen, wird – infolge der allgemeinen Haushaltslage – das Niveau der Unterhaltungslasten – als Spardose – ständig gekürzt. Es zählt nur noch das momentane (kurzfristige) Cash-Management.

Während in Deutschland erst in jüngster Zeit Fragen der Rentabilität von neuen Wohngebieten untersucht werden, wird dies in den USA schon viele Jahre praktiziert und gehört sogar zum Standard der dortigen Planerausbildung (mainstream planing practice).

Der Grund, dass dies in den USA so gehandhabt wird, liegt in einem anderen kommunalen Finanzierungssystem, bei dem die Grundsteuer eine größere und entscheidende Bedeutung hat. Dort dient die Grundsteuer zur Finanzierung des Schulsystems einschließlich der Lehrerbesoldung.

Das bedeutet, dass Kommunen in den USA sehr viel mehr auf eigene Steuereinnahmen angewiesen sind, d. h. der überwiegende Anteil der gemeindlichen Einnahmen besteht aus einer bei uns vergleichbaren Grundsteuer (property tax). Finanzierungslücken werden in der Regel durch eine Grundsteuererhöhung ausgeglichen, was in unseren Gemeinden jeweils einen Sturm der Entrüstung mit sich bringt.

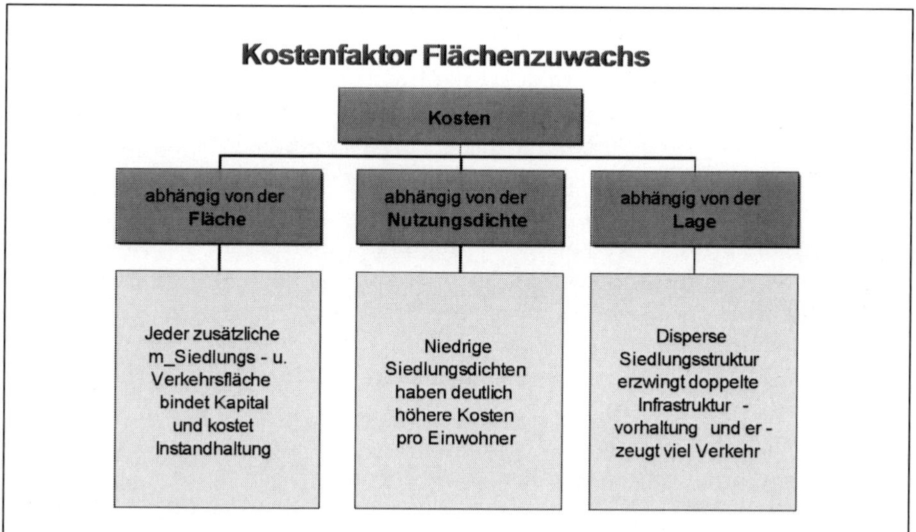

Quelle: Gutsche, Jens-Martin: Auswirkungen neuer Wohngebiete auf den kommunalen Haushalt ECTL Nr. 18, Hamburg 2003

Bereits beim ersten Rottenburger Baulückenbericht (KEPPEL 1981) wurden „kommunalwirtschaftliche Verluste“ dargestellt. Aufgrund der damaligen Rechtslage und Handhabung der Beitragserhebung für Wasser- und Stromanschlüsse und aufgrund des Klärbeitrages konnte ein brachliegendes Kapital infolge der Nichtbebauung von Bauplätzen in Höhe von DM 1,12 Mio. berechnet werden. Auch heute gilt noch, dass die Flächeninanspruchnahme nicht nur die einmaligen Herstellungskosten erfordert, sondern ebenso eine langfristige Belastung durch Unterhaltungs-, Betriebs- und Finanzierungskosten der hergestellten sozialen und technischen Infrastruktur bedeutet. Eine disperse Verteilung der Wohnbauflächen auf viele Siedlungseinheiten, insbesondere ins Umland führt zu einer tendenziellen Unterauslastung vorhandener Einrichtungen.

Die Abbildung „Kostenfaktor Flächenzuwachs“ verdeutlicht den Kostenzusammenhang mit der Fläche, der Nutzungsdichte und der siedlungsstrukturellen Lage.

Die seit Jahren anhaltende Sparwelle bei den Unterhaltungskosten bildet einen künftigen kommunalwirtschaftlichen Sprengsatz, insbesondere bei den physisch nicht sichtbaren Leitungssystemen unter der Straße.

Eine Studie des Deutschen Instituts für Urbanistik (difu 2002) ermittelte einen finanziellen Rückstau bzw. künftigen Investitionsbedarf von 225 Mrd. EURO[14] bis 2009.

Tatsächlich findet sich die städtische Infrastruktur derzeit kaum auf der politischen und wissenschaftlichen Agenda. Deshalb ist es wichtig, dieses Thema vor der kulturellen und gesellschaftlichen Entwicklung der Stadt präsenter zu machen. Nur, wer hat je einen Wahlkampf unter dem Thema der Statussicherung und Unterhaltung städtischer Abwassernetze gewonnen?

Nach Untersuchung der Landesvereinigung Bauwirtschaft Baden-Württemberg wären 1,5 % des Anlagevermögens der kommunalen Straßen (derzeit 202 Mrd. EURO) für die Unterhaltung dieses Vermögens einzusetzen. Stattdessen werden von den Kommunen nur etwa 0,75 EURO pro m^2/a in die Erhaltung investiert. Dies bedeutet einen permanenten Wert und Qualitätsverlust und führt durch die verzögerte Instandsetzung zu höheren Folgekosten, für eine teurer werdende Grunderneuerung.

Zu wenig betrachtet wurden bisher die Auswirkungen des demografischen Wandels, sowohl für den tatsächlichen mittel- bis langfristigen Bedarf als auch für die Finanzkrise der Infrastruktur (Kostenremanenz), durch geringe Steuereinnahmen und die abnehmende Auslastung der sozialen und technischen Infrastruktur und der sich daraus ergebende höhere Kostenanteil pro Nutzer.

Deshalb wird die bisher vernachlässigte Folgekostenanalyse für die städtebauliche Planung immer zwingender und so auch den Trend zu einer weiteren

14 Reichenbach, Michael u. a.: Der kommunale Investitionsbedarf in Deutschland, DIFU-Beiträge zur Stadtforschung, 2002.

Ökonomisierung der Stadtplanung verstärken. Das Prinzip der Kostenwahrheit muss gestärkt werden, das heißt die siedlungsstrukturellen Effekte der Infrastrukturversorgung müssen intensiver beachtet werden, was zwangsläufig auch zu einer größeren städtebaulichen Dichte führen muss.

Eine ehrliche und transparente kommunale Haushaltswahrheit und Haushaltsklarheit ist zwingend erforderlich, um die tatsächlichen „Schattenkosten" bei der Entwicklung von Wohnbau- und insbesondere auch bei der Gewerbegebietsentwicklung aufzuzeigen. Dies gilt auch für eine politische Preisbildung bei Bauplatzverkäufen.

Im Rahmen des Forschungsprojektes „Fiskalische Wirkungen neuer Wohngebiete (...)" der TU Hamburg-Harburg wurden 347 Gemeinden in Schleswig-Holstein, Hamburg und Niedersachsen zu den nachfolgenden Ausgabebereichen (für die Jahre 1995–2002) befragt

- Neubau- und Erweiterungsinvestitionen im Bereich der sozialen Infrastruktur und
- Investitionen im Bereich der äußeren Verkehrserschließung.

Als wesentliches Ergebnis wird in dieser Untersuchung festgestellt, dass für die Bereiche

- Grundschulen
- Kindergärten
- Turnhallen

eine Wachstumsabhängigkeit (durch Neubaugebietserschließung) gezeigt und qualifiziert werden konnte.

Kein Zusammenhang konnte festgestellt werden für die Bereiche

- Allgemeinbildende und berufliche Schulen
- Einrichtungen für ältere Menschen
- Jugend- und Sporteinrichtungen.

Bezogen auf 217 Neubaugebietsprojekte wurde in der Untersuchung festgestellt, dass bei 43 % dieser Gebiete Investitionen für die äußere Verkehrserschließung erforderlich waren. Kosten die in der Regel dann nicht erschließungsbeitragsfähig sind und somit zur Gänze von der Gemeinde zu finanzieren sind, sofern diese nicht über beispielsweise städtebauliche Verträge auf die Grundstückseigentümer bzw. Investoren übertragen werden. Dies verdeutlicht auch ein Rottenburger Beispiel, bei dem das Ergebnis einer Erschließungsbeitragsrechnung einer Abrechnung über einen städtebaulichen Betrag gegenübergestellt wurde.

Eine weitere Untersuchung von 30 Städten und Gemeinden im Umland von Hamburg (Schleswig-Holstein, Niedersachsen) verdeutlicht, dass „der fiskalische Nettoeffekt neuer Wohngebiete für die gebietausweisende Gemeinde geringer ist als oft angenommen“ wird.[15]

Unter Berücksichtigung der Grund- und Einkommenssteuer, des kommunalen Finanzausgleiches etc. belegt diese Untersuchung, dass sich zusätzliche Einnahmen und Ausgaben aufgrund der Ausweisung neuer Baugebiete im Außenbereich „die Waage halten“, wobei in den ersten Jahren die zusätzlichen Ausgaben überwiegen. Dies verdeutlicht, dass neue Wohngebiete kein adäquates Mittel zur Haushaltssanierung darstellen.

Das Ergebnis einer noch unveröffentlichten Studie des Deutschen Instituts für Urbanistik, bearbeitet vom Bundesamt für Naturschutz, zeigt anhand zweier Modellrechnungen, dass „bei einem engen Begriff der Erschließung“ neuer Baugebiete für den Gemeindehaushalt profitabel sein können, wenn unterstellt wird, dass die künftigen Nutzer von außerhalb zuziehen.

Die Einbeziehung der Kosten für die äußere Erschließung sowie ihrer sozialen Infrastruktur (Kindergärten, Grundschulen) führt aber zu einem negativen Saldo. Bei einem gemeindeinternen Umzug in neue Baugebiete zeigt sich der Saldo in jedem Falle negativ.[16]

Der Nutzung der Innenbereichspotenziale, wie Baulücken und Brachen mit vorhandener Infrastruktur, ist deshalb auch aus ökonomischen Gründen der Vorrang einzuräumen, dies bestätigen auch zwei neuere Diplomarbeiten an der Hochschule für Wirtschaft und Umwelt und das darauf aufbauende Berechnungsmodel „fokus bw“[17].

Die Innenentwicklung, die bisher vorrangig unter ökologischen Aspekten präferiert wurde, muss künftig verstärkt auch unter ökonomischen Gesichtspunkten bewertet werden. Die Auslastung der bereits im Innenbereich vorhandenen sozialen und technischen Infrastruktur muss stärker Beachtung finden.

Während in der politischen Diskussion semantische Dispute um Begriffe wie Flächenverbrauch oder Flächengebrauch erörtert werden, findet eine ethische Bewertung des Bodenschutzes so gut wie nicht statt. Insofern ist es bemerkenswert, dass ausgerechnet Naturschutzbehörden und ministerielle Bodenschutzre-

15 Gutsche, Jens-Martin: Auswirkungen neuer Wohngebiete auf die kommunalen Haushalte, ECTL Working Paper Nr. 18, Hamburg 2004.

16 Deutsches Institut für Urbanistik, Zur fiskalischen Wirkungsanalyse …, Endbericht, Entwurf 2005.

17 Seiler, Matthias, Erschließungs- und Folgekosten durch die Baulandbereitstellung im Innen- und Außenbereich …, Stadtentwicklung im Diskurs Nr. 5, 2006; Hartung, Frieder, Tack, Achim, Folgekostenabschätzung kommunaler Wohngebietsentwicklungen, März 2007.

ferate sich nunmehr auch den ökonomischen Folgen des Flächenverbrauchs zuwenden. Ein Thema, das man eigentlich bei der kommunalen Finanzverwaltung angesiedelt vermutet.

VIII. Fazit

- Dem seit 20 Jahren – mehr von der Wissenschaft allerdings weniger von der Politik – geforderten Vorrang der Innenentwicklung vor der Außenentwicklung mangelt es an der praktischen Umsetzung. Dies ist ein systemimmanentes Problem der realen Kommunalpolitik.
- Zu diesen systemimmanenten Vorgängen gehört auch der stetige Personalabbau in den planenden Verwaltungen. Die daraus resultierenden Engpässe an Personalkapazitäten können nicht mehr durch Arbeitsverdichtung ausgeglichen werden. Daraus folgen nicht nur quantitative sondern auch qualitative Einschnitte, die insbesondere zu Lasten der personalintensiven Mobilisierung von Innenbereichsflächen führen.
- Die Ursachen für die Fehlentwicklung – Baulandhortung einerseits und Baulandmangel andererseits – darf nach DAVY (1996) jedoch nicht nur bei „halbherzigen Politikern" oder „spekulierenden Grundstückseigentümern" gesucht werden, sondern liegt auch in der eigenen „Wertblindheit" der Raumordnung, d. h. der Nichtbeachtung der „planungsbedingten Wertveränderungen".
- Die neuerlich vorgetragenen Vorschläge zum Handel von Flächenzertifikaten[18], die von Raumordnern und Volkswirten beim Bund und Land entwickelt wurden, sind praxisuntauglich und auch theoretisch fragwürdig, weil Nachfrage und Angebot an räumlich unterschiedlichen Orten bestehen und ein Tausch somit sogar kontraproduktiv wäre. Stattdessen sollten Vorschläge des Umweltbundesamtes (2003) vertieft werden, die eine Umwandlung der Grundsteuer in eine Flächennutzungssteuer mit Einführung eines bundesweiten Mindesthebesatzes zur Dämpfung des interkommunalen Wettbewerbs und Erhöhung der Steuersätze anregen, so dass Grundstückeigentümer künftig einen höheren Beitrag zur Finanzierung der kommunalen Haushalte leisten.
- Der Siedlungsflächenzuwachs in den ländlichen Räumen ist doppelt so groß wie in den Agglomerationsräumen und erfolgt vorwiegend in Gemeinden ohne jegliche zentralörtliche Funktion. Deshalb muss der Regionalplanung

18 Krumm, Raimund: Nachhaltigkeitskonforme Flächennutzungspolitik, Tübingen 2004.

eine größere Bedeutung zukommen. Handelbare Flächenausweisungszertifikate und Baulandausweisungsumlagen sind keine sektoralen Expertenthemen von Volkswirten, sondern eine Aufgabe integrativer Politikgestaltung. Die Erfahrungen der letzten Jahrzehnte haben gezeigt – so das Umweltbundesamt – dass die Instrumente der Raumplanung zur Eindämmung des Landschaftsverbrauchs „... sich weitgehend als stumpfe Waffe ...“ erwiesen haben, da bei flächenrelevanten Abwägungsprozessen am Ende fast immer wirtschaftliche Interessen über die Ziele des Bodenschutzes dominiert haben.

- Die Raumordnung, sowohl Landes- wie Regionalplanung, hat in den vergangenen Jahren ihre siedlungssteuernde Kompetenz politisch zurückgegeben (evtl. müssen). Als kommunalverfasste Planungsinstitution und neutraler Mittler zwischen konkurrierenden Gemeinden und Städten muss der – bei vielen Bürgermeistern ungeliebten – Regionalplanung eine größere Chance eingeräumt werden, um bei weiteren Baugebietsausweisungen regulierend eingreifen zu können, auch wenn dies zu Lasten der engeren kommunalen Planungshoheit geht.
- Die Weiterentwicklung früherer Bevölkerungsrichtwerte zu Flächenentwicklungsrichtwerten, unter Anrechnung des vorhandenen Innenbereichspotentials und Berücksichtigung der jeweils örtlichen Entwicklungsdynamik, u. a. weitere Strukturmerkmale, könnten hier objektiv nachvollziehbare Kriterien sein.
- Die Innenentwicklung, die bisher vorrangig unter ökologischen Aspekten präferiert wurde, muss künftig verstärkt auch unter ökonomischen Gesichtspunkten bewertet werden. Die Auslastung der bereits im Innenbereich vorhandenen sozialen und technischen Infrastruktur muss stärker Beachtung finden.
- Auch die Haushaltpolitik des Landes – wenn auch in Nöten – sollte ihre besten Mittelstandsförderprogramme, wie Altstadtsanierung und Dorfentwicklung nicht ständig kürzen und zusammenstreichen. Der Anstoßfaktor beispielsweise der Städtebauförderung auf die Gesamtinvestitionen in diesem Bereich und der damit verbundenen Infrastrukturmaßnahmen beträgt – nach Berechnungen der Arbeitsgemeinschaft der Sanierungsträger – 1:8,3. Somit bewirken EURO 1,8 Mrd. Investitionen von rund EURO 15 Mrd. Damit werden gleichzeitig 310.000 Arbeitsplätze gesichert. Das RWI kommt zu der Aussage, dass sich die Städtebauförderung aus Steuerrückflüssen und Minderausga-

ben aufgrund verringerter Arbeitslosigkeit weitgehend selbst finanziert.[19] Das gerade aufgelegte Zukunftsinvestitionsamt, im Rahmen des Konjunkturpaketes des Bundes, stellt hier keine grundsätzliche Wende dar.
- Das aufgelegte MELAP-Programm (Maßnahmen zur Eindämmung des Landschaftsverbrauches) des Ministeriums für den Ländlichen Raum ist hier ein sehr gutes Beispiel.
- Wünschenswert und erforderlich ist auch eine Bündelung und Kooperation der staatlichen Programme der drei zuständigen Ministerien.
- Neue Wohngebiete sind kein Mittel mehr zur kommunalen Haushaltssanierung, bzw. Reservoir für die Auslastung sozialer und technischer Infrastrukturen.
- Die Größenordnung des fiskalischen Nettoeffekts eines neuen Wohngebiets liegen in den meisten Fällen – nach neueren Untersuchungen – bei „plus minus Null".
- Die tatsächlich entstehenden Kosten – auch für die äußere Erschließung und die Folgekosten – sind transparent zu machen und verursachergerecht weiterzureichen.
- Statt anteilige Erschließungskosten und Folgekosten zu etatisieren, können auch Städte und Gemeinden eigene Zuschussprogramme zur Aktivierung von Brachen und Leerständen auflegen, wie das Dorfqualitätsprogramm der Stadt Rottenburg am Neckar dies belegt.
- Die Erstellung eines örtlichen Baulückenkatasters und die Umsetzung in eine Baulandbörse ist eine zwingende Planungsgrundlage. Dies ist nicht nur zur Verminderung einer weiteren Baulückenproduktion sondern auch für ein verändertes Bewusstsein von besonderer Bedeutung.

19 Rheinisch-Westfälisches Institut für Wirtschaftsforschung: Gesamtwirtschaftliche und fiskalische Implikationen der Städtebauförderung, Gutachten 1997.

IX. Literaturverzeichnis

Dieterich, Hartmut et al.: Fallstudie zum Baulandpotential für städtischen Lücken-Wohnungsbau, Schriftenreihe des BM Bau 03.089, Bonn 1981

Davy, Benjamin: Baulandsicherung: Ursache oder Lösung eines raumordnungspolitischen Paradoxon? im ZfV, Zeitschrift für Verwaltung 1996, Heft 2 Wien

Gutsche, Jens-Martin: Auswirkungen neuer Wohngebiete auf die kommunalen Haushalte ECTL Working Paper Nr. 18, Hamburg 2004

Harlander, Tilman: Demografische Entwicklung und Wohnbaulandnachfrage in: Baden-Württemberg, Vortrag am 11.5.2004, Ludwigsburg Baulandinitiative Baden-Württemberg

Hartung, Frieder, Tack, Achim: Folgekostenabschätzung kommunaler Wohngebietsentwicklungen Bericht Baudezernat Nr. 68, Rottenburg am Neckar, März 2007

Institut für Landes- und Stadt- entwicklungsforschung, NRW (Hrsg.) Baulücken nutzen – wie und warum? Dortmund 1984

Keppel, Holger: Baulandpotential Baulücken Erkenntnisse, Erfahrungen, Empfehlungen, Dortmund 1991

Keppel, Holger: Baulandbericht und Baulandbörse Beiträge zur Stadtentwicklung Nr. 14, Rottenburg am Neckar 1999

Keppel, Holger: Kommunales Flächenmanagement im Spannungsfeld zwischen Innen- und Außenentwicklung. Vortrag Akademie für Raumforschung und Landesplanung Ostfildern 2002

Keppel, Holger: Baulücken das (un)heimliche Baulandpotenzial in: RaumPlanung Nr. 105, Dez. 2002

Krumm, Raimund: Nachhaltigkeitskonforme Flächennutzungspolitik, Tübingen 2004

Rach, Diethard u.a.: Städteumfrage 1993 der Bundesanstalt für Landeskunde und Raumordnung zum Bestand, Bedarf und Verfügbarkeit von Baulandreserven in: Materialien zur Raumentwicklung, Heft 64, Bonn 1994

Reichenbach, Michael u.a.: Der kommunale Investitionsbedarf in Deutschland, DIFU-Beiträge zur Stadtforschung, 2002

Rheinisch-Westfälisches Institut für Wirtschaftsforschung: Gesamtwirtschaftliche und fiskalische Implikationen der Städtebauförderung, Gutachten 1997

Seiler, Matthias: Erschließungs- und Folgekosten durch die Baulandbereitstellung im Innen- und Außenbereich. Ein Vergleich verschiedener Wohnbaugebiete in Baden-Württemberg, Stadtentwicklung im Diskurs Nr. 5, 2006

Übersicht über die bisher erschienenen Titel

Vergaberecht in der städtebaulichen Planung
122 Seiten · 2008 · ISBN 978-3-93 98 04-51-2 · Preis € 38,–

Umweltrechtliche Einflüsse in der städtebaulichen Planung
244 Seiten · 2009 · ISBN 978-3-93 98 04-73-4 · Preis € 58,–